闪闪红星乡土文化系列教材（总主编·林海亮 艾艳萍）

闪闪红星

耀 甜 城

主　编	艾艳萍	李　雪	徐孝勇
副主编	刘军利	周　能	高　进
编　委	毛禄荣	邱屯兵	黄晓东
	林　华	奉光平	雷　聃
	丁　雪	曹　辉	周家禄
	付宝川	黄辉东	马　魁
	胡远强	杨利君	尹帮庆
	周　培	陈小明	郭宏杰
	陈　俊	陈　兵	邱世芝
	黄兴泰	吴茂刚	陈　刚

图书在版编目（CIP）数据

闪闪红星耀甜城 / 林海亮，艾艳萍总主编；艾艳萍，
李雪，徐孝勇主编. —成都：西南交通大学出版社，
2017.7
（闪闪红星乡土文化系列教材）
ISBN 978-7-5643-5492-3

Ⅰ. ①闪… Ⅱ. ①林… ②艾… ③李… ④徐… Ⅲ.
①革命史－内江－中学－乡土教材 Ⅳ. ①G634.591

中国版本图书馆 CIP 数据核字（2017）第 134986 号

闪闪红星乡土文化系列教材

闪闪红星耀甜城

总主编／林海亮　艾艳萍　　　　　责任编辑／梁　红
主　编／艾艳萍　李　雪　徐孝勇　封面设计／艾艳萍　曹天擎

西南交通大学出版社出版发行

（四川省成都市二环路北一段 111 号西南交通大学创新大厦 21 楼　610031）
发行部电话：028-87600564
网址：http://www.xnjdcbs.com
印刷：四川煤田地质制图印刷厂

成品尺寸　210 mm×285 mm
印张　5　　字数　147 千
版次　2017 年 7 月第 1 版　　印次　2017 年 7 月第 1 次

书号　ISBN 978-7-5643-5492-3
定价　13.00 元

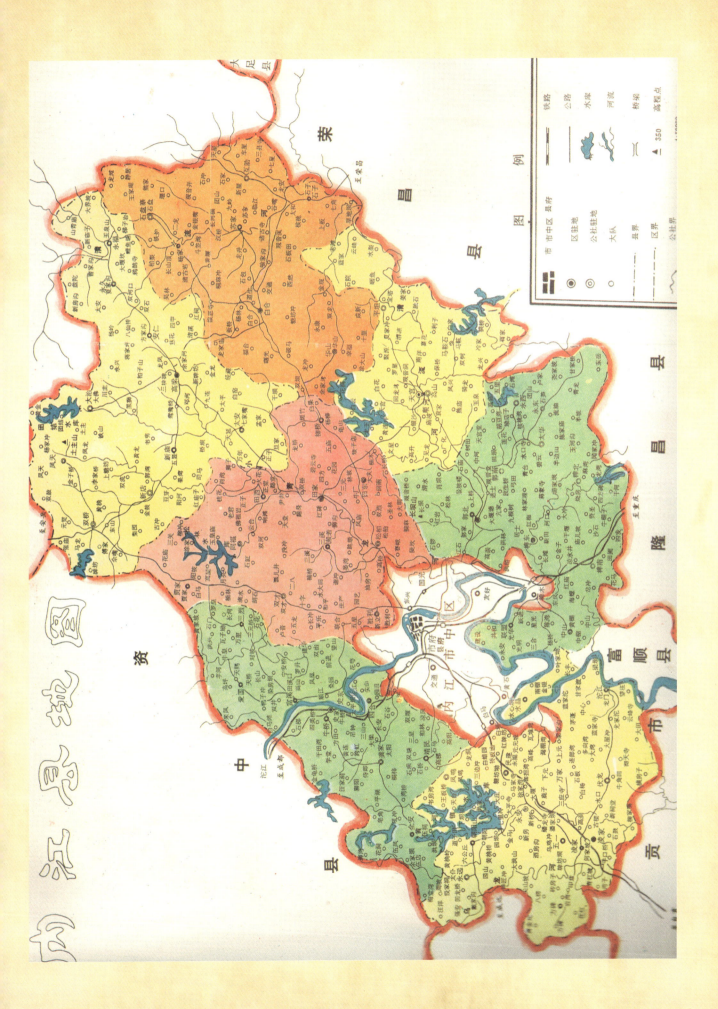

内江市行政区划图

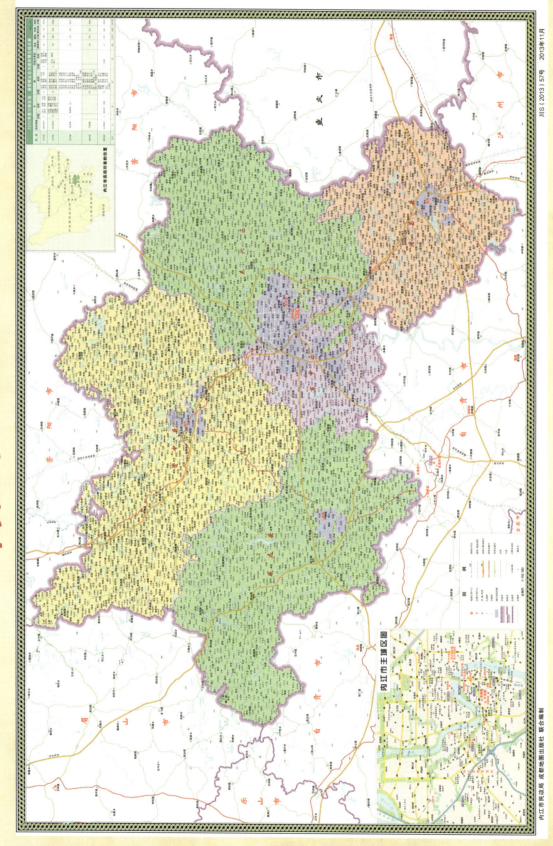

川IS（2013）57号　2013年11月

内江市民政局　成都地图出版社　联合编制

文化内江

内江市位于四川盆地东南部、沱江下游中段，东汉建县，曾称汉安、中江，距今已有2000多年的历史。1950年设内江专区，1985年改建省辖内江市，1998年经国务院批准，内江市行政区划再次调整，分为内江市、资阳地区，内江市现辖市中区、东兴区、资中县、威远县、隆昌县和内江经济开发区，共108个乡镇，1 673个行政村，13个街道办事处，281个社区，总人口430万。由于曾经盛产甘蔗、蜜饯，鼎盛时期糖产量占到全川的68%、全国的26%，故被誉为"甜城"。

内江物华天宝、人杰地灵，旅游资源丰富，历史文化底蕴厚重，自然风光秀丽。历史古迹、殿堂庙宇、古风旧居举不胜举，森林湖泊、幽峡深谷、丘陵台地星罗棋布。独特的人文景观同优美的自然风光交相辉映，构成川东南独有的旅游胜景。蜿蜒秀丽的沱江穿城而过，甜城湖"九曲十一湾"，山水相映；"中川第一禅林"圣水寺、唐代古刹西林寺享誉八方；张大千纪念馆彰显大千遗风，范长江故居再现我国新闻事业发展历程；重龙山摩崖石刻鬼斧神工，资中文庙号称"巴蜀四大文庙"之首；"立体史书"隆昌古牌坊群世所罕见，"川南明珠"古宇湖秋水共长天一色；数百平方千米连绵不断的穹窿地质地貌四川唯一、全国罕见，百余座深山古寨历史悠远、风情迷人。国家4A级旅游景区1处（隆昌石牌坊景区）、3A级景区1处（东兴老街、安泰山庄）、2A级景区3处（张大千纪念馆、古宇湖景区、重龙山景区）。

圣水寺、顺河汉代崖墓、资中盐神庙、翔龙山石刻，成为内江市第七批全国重点文物保护单位。资中县木偶剧团、隆昌县山源棉麻纺织品有限公司分别被授予省级非物质文化遗产保护传习基地和生产性保护示范基地。威远县依托"周萝卜"酱菜制作技术和"黄老五花生糖"制作技术，建设非遗产业园区，规划总面积2 km^2，已入驻非遗企业7家。资中中型杖头木偶戏被列入国家级非遗代表性项目名录，实现国家级非遗项目"零"的突破，非遗传承人胡海被文化部评为"全国文化先进工作者"。市中区被评为"2014—2016年度中国民间文化艺术（书画艺术）之乡"。资中县、威远县被评为"2014—2016年度四川省民间文化艺术之乡"（其中资中县为四川省杖头木偶之乡，威远县为四川省石坪山歌之乡）。市中区永安镇、东兴区永东乡、资中县板栗桠乡、威远县越溪镇、隆昌县双凤镇等五个乡镇被评为"四川省民间文化艺术之乡"。

前　言

艾艳萍

　　1921年中国共产党成立时，几乎没有人看好一个仅有50多人的新生党，一群青年知识分子只想把中国引向人类美好的未来，还没有全面掌握救中国的真正武器，心里茫然、肩膀稚嫩、身上没有任何光环的共产党，等着她的是无尽的坎坷和苦难！

　　一路硝烟，一路战火，一路鲜血，一路牺牲，熔炼了共产党人顽强不息、光彩夺目的生命力。老一辈无产阶级革命家凭着坚定的理想信念，凭着对党的无限忠诚，与人民同呼吸共命运，经历了五次反"围剿"和二万五千里长征，在无数次九死一生、命悬一线、血与火的考验中，得以生存壮大，建立了彪炳千秋的历史伟业！

　　在革命历史的长河中，享有甜城美誉的内江有着辉煌的斗争史，是中国共产党整个历史的一部分。2010年8月，东兴区被四川省人民政府批准认定为"革命老区"，充分证明了内江在四川省的革命斗争史上有着不可磨灭的作用。关于内江的斗争历史和英雄人物，不少内江人不了解，而对于其他省、市、自治区的人来说，知道的更是少之又少，究其原因，主要是对红色文化的宣传和传承不够。

　　内江是一片让人充满遐想的热土，一片充满希望的土地。"黄花岗七十二烈士之一喻培伦的故乡""国画大师张大千的故乡""新闻巨子范长江的故乡"等美誉，高铁开通，万达广场建成，早已让其声名远播。美丽的甜城湖孕育出绚烂的地域文化，加上独特的资源禀赋，让它成为成渝经济区一颗耀眼的明珠。弘扬革命精神，提高内江知名度和关注度，已成为内江人不可推卸的责任！因此，笔者希望通过此书进校园的举措，达到提高内江革命历史知晓率，促进内江经济、文化、旅游发展的目的，让内江人从小立志向，有梦想，坚定不移跟党走，为实现伟大中国梦而不懈努力！

目　录

第一篇

峥嵘岁月

第一节 内江党团组织的建立与发展

　　五四运动席卷全国时，内江一批热血青年开始觉醒，他们阅读《新青年》，焚烧日货，组织声援重庆抵制日货的爱国斗争。1920年12月，县中教师廖划平在朋友的资助下赴苏联考察学习。廖划平回国后，受团中央之托，在内江发展中国社会主义青年团（现中国共产主义青年团）并传播马列主义。1923年2月16日，中国社会主义青年团内江地方团组织成立，仅晚于成都、重庆、泸州几个月（成、渝、泸均在1922年9至10月建团）。1926年2月建立中共内江特支。这一时期，随着国共合作的实现和大革命的到来，内江办民团、办公学；组织工会、农会、妇女会、读书会；改组国民党内江县党部，成立国民党（左派）内江县党部。内江党团组织也在斗争中得到了发展和壮大，1927，内江党员由建党时的4人发展到24人，团员由20多人发展到60余人。1928年5月，在川南特委的领导下，内江恢复了党组织。这一时期，内江党组织经历过县委、特支、临时县委、县委、中心县委、内隆特区的变化，党员发展到80余名。县级党组织多次遭破坏，党员被捕近30余人。尽管如此，党组织在恢复建立、被破坏、再重建的过程中，仍然顽强地生存、发展着，仍然领导内江工人、农民、学生开展斗争。

廖划平给团中央负责人施存统的信

1923年，内江团组织的交通联络站，设在原内江市中区文化路46号郭有材私塾内，来往信件由此转交。图内石梯正对之屋系联络地点。

内江公学政治班的教室。每到节假日，政治班的学员们都要上街或到乡镇宣传反帝、反封建、反军阀的国民革命思想。教唱打土豪、分田地的国民革命歌曲。

武庙，原内江一初中。1927年，内江县城人力车工会成立地点。

知识积累　　五四运动的爆发和意义

　　在1919年上半年召开的巴黎"和平会议"上，中国的外交失败激起了中国各个阶层人民的强烈愤怒，五四运动由此爆发。1919年5月4日，北京大学等北京十几所学校的学生三千人在天安门前集会，随后举行示威游行。学生的爱国行动受到北洋政府的严厉打击。正是这个时候，中国工人阶级开始以独立的姿态登上历史舞台。从6月5日起，上海六七万工人为声援学生先后自动举行罢工。工人罢工推动了商人罢市、学生罢课。随后，这场反帝反封建的爱国运动发展到全国20多个省、100多个城市。6月28日，中国政府代表没有出席《巴黎合约》的签字仪式，五四运动的直接斗争目标得到了实现。

　　五四运动不同于以前的一切革命，它是彻底的反帝反封建革命运动。五四运动促进了马克思主义的传播，为中国共产党的成立准备了思想基础。五四运动是世界无产阶级革命的组成部分，它标志着中国新民主主义革命的开端。五四运动对中国共产党的成立有着不可磨灭的重大意义。

第二节 反"三九"斗争和择师运动

反"三九"斗争

团组织不仅集结了进步青年，传播新思想，启发革命觉悟，同时还领导青年同封建势力开展针锋相对的斗争。1924年，代表内江封建势力的"三九"，即县团练局局长马祥九、商会会长林基九、浮桥经费收支所所长范承九，勾结军阀官吏，贪赃枉法，鱼肉人民，令百姓深恶痛绝。为打击土豪劣绅的威风，反对封建势力，团组织深入了解情况，确定斗争策略，最后决定利用上层人士之间的矛盾展开斗争。行动前，黎灌英叫谢独开写信给当时在重庆任讨袁第一军驻渝办事处处长高一伯，让他出面找内江驻军司令赖心辉，要求处理"三九"。接着，黎灌英组织民众，收集材料，查核"三九"的账目。随即，召开公民大会，公开揭露和清算"三九"贪污钱财、欺压群众的不法行径。迫于压力，政府当局将"三九"收监候审，民众拍手称快。这次斗争，打击了封建势力的嚣张气焰，激发了内江人民的斗争热情，团组织负责人黎灌英等人的威望也因此得到了提高。1924年秋，县民团改选，黎灌英被推举为市中区民团副团总，为黎灌英以后的革命生涯开辟了道路，指明了方向。

1929春至1930年秋，在地下党的领导下，内江县中开展了长达一年多的择师运动，粉碎了县知事安排亲信到学校任校长的阴谋。

择师运动

1929年春，国民党县党部为安置亲信，与原校长黄国栋发生矛盾。县知事趁学生不满黄校长的机会，鼓动学生让黄校长下台。黄校长下台后，省教育厅委任邓文峰为校长，但此安置结果并不令县知事满意。继而，知事又指使学生反邓校长。此时，中共内江县委因势利导，指示地下党员黎光谦、高伯华、朱朝碧及时掌握事态发展情况，领导学生理性地开展择师运动。在党员领导下，师生们通过说理、罢课斗争，争取到校长邓文峰，拒绝了国民党县党部派来的亲信，粉碎了国民党县党部的阴谋，实现了学生提出的自治和择师要求。具体条件是：一、保证"倒黄择师"每一个学生的成绩和人身安全。因为黄校长在职时，仇视学生参加学生运动，他把在运动中表现出色的十九班(毕业班)学生全部列入黑名单。如果保证了他们的成绩，就保护了这些学生。二、保障学生选择良师的权益。三、尽可能提高学生福利。不久，学校就更换了一个受学生欢迎的数学教师，增加了运动器械和进步书籍。这一事件后，邓校长和训育处赢得学生的信赖，同时也增强了同学们敢说敢为的信心。为开展进步的学生活动，学生发起组织"亲青社"社团，学校也支持成立，并同意学生用墙报等形式进行宣传活动。在党员教师的帮助下，"亲青社"向同学们介绍了许多进步的文学作品。如高尔基的《在人间》《母亲》、郭沫若的《女神》、鲁迅的《呐喊》《彷徨》等，同学们通过看书、讨论、写心得、出墙报等形式，提高思想觉悟。择师运动的胜利，翻开了内江县革命历史的新篇章，促进了广大人民群众的觉醒。

周密计划

1929年7月，中共内江县委书记曾莱在东乡石子镇吴王庙召开有东南区委书记和各支部负责人参加的扩大会，主要讨论如何开展秋收斗争问题。会上杨家乡党支部书记周执中提议：杨家乡副团总与"方保"（地方保长）士绅为争夺团总实权有矛盾，我们可以抓住这个契机开展斗争。会议最后决定：斗争首先在杨家开展，方式以抗缴地亩捐为主，目的是减轻农民经济负担，斩断团阀经济来源，解散县团阀豢养的五个中队兵力，把枪支收回农民掌握，然后转入减租减息斗争。

为开展斗争，县委发出了《为秋收告农民书》和《内江县农协会秋收斗争宣言》。农协会就利用赶集的机会，向农民广泛宣传，在农民中教唱《四季歌》。激励斗志的宣言，启发觉悟的歌声，让农民斗争的情绪不断高涨。与此同时，县委及时与东南区委及各农协负责人一起制定斗争策略。首先，提出了"反五亩以下亩捐"的口号，并以清查杨家乡团练财务收支员周俊卿的账目为突破口开展斗争。接着，成立了以农会为领导的、有各界人士参加的"清账委员会"，并派出"查账团"对周俊卿经手的账目进行了清查。结果发现周俊卿侵吞黄谷1 500余石。"清账委员会"立即张榜公布并状告县团练和县政府，但当局对农会的举动充耳不闻。县委即以农会名义发函请省同乡会、同学会声援。在民众的声援下，内江县县长魏宗晋、团练局长李汉文不得不派东区团总陈书元到杨家当众监督复查账目。

为开展好这场斗争，县委决定：闵乐山、陈文山等人公开出面领导查账工作，曾莱及东南区委书记洪渊德乔装成农民，混入群众中暗地指挥，同时对游行暗号、撤退路线都作出了具体安排。

乔装指挥

1929年9月27日（农历八月二十五日），杨家逢场，上午10点，查账开始，关帝庙内人山人海。戏台上"查账团"与督察陈书元，乡团练副团总、财务收支员周俊卿端坐台上，30多个持枪团丁把守两旁。台下是齐集关帝庙的3 000多名农协会员和围观群众。11点公布账目时，陈书元出面为周俊卿申辩，双方发生争执。愤怒的群众振臂高呼："打倒贪官污吏！取消苛捐杂税！"此时，台上的乡团练大队长夏庭光喊道："黄泥巴脚杆，是对的给老子上来！"可是，他万万没想到，昔日在他们眼中的奴隶，今天变成了猛虎。夏庭光话音刚落，陈文山把藏在身后的小旗一挥，大声吼道："给他冲上去！"顷刻间，愤怒的人群排山倒海般冲上了楼台。年久失修的戏台轰然断塌，尘烟四起。耀武扬威的团丁被这种阵势吓得魂飞魄散，趁混乱之际怆惶逃窜。周俊卿面如死灰，被两个团丁掩护着逃回了三圣宫。

这时，曾莱等人见状，即亮出臂上的红布，举起写有"农协会"的五色小旗，带领群众上街游行。情绪高昂的群众一路高呼："打倒侵吞农民血汗的周俊卿！""免收五亩以下亩捐！"等口号。街上的居民、商人、赶集的农民也纷纷加入游行的队伍，奔涌到三圣宫，只见团丁把守着大门，陈文山、陈清庭等人冲进门去，人们强烈要求陈书元、周俊卿出面答话。陈书元吓得从后门溜走，周俊卿不敢露面。下午四点多钟，斗争持续了7个多小时，大家斗志依然不减。副团总王奉宜不得不出面，答应由他负责把账本交给农会重新审查。斗争初步取胜。

东乡农协会员集聚杨家场关帝庙，参加清账的主会场

10月7日，杨家逢场，县委再次组织杨家、石子、白鹤等地农会会员两千多人，汇聚关帝庙向团练局请愿。要求发放粮票，免征五亩以下地亩捐。团练局不答应要求，反将请愿代表洪渊德等人扣留。曾莱指挥群众冲入团练局。迫于群众压力，乡团总释放了请愿代表，并当面许诺三场内发粮票，向上请免五亩以下地亩捐。

事后，周俊卿收买陈书元，团练局尽食前言，并以"共产党操纵群众"为由，派人下乡抓人收捐。县政府还贴出告示："地亩捐是办团专款，民八（民国八年，即1919年）以来无人请免。今杨家乡农协请免五亩以下亩捐，恰合共产党入党资格……"针对此现状，县委在杨家乡召开农协执委、组长会议。会议决定以杨家乡农协名义向县政府提出质问。11月18日，曾莱亲拟质问书："你要保护绅粮，剥削农民尽可直说，何必拿共产党来压我们……？"义正言辞的质问，说出了农民的心声，戳痛了政府当局。

不久，当局发现曾莱、曾旭东等是内江党组织领导人，是农民抗捐抗税的组织者，遂发出逮捕通辑令。同时，县政府派出一个中队的武装警察到杨家乡一带逮捕共产党员和农会负责人。一时，乌云笼罩，形势紧张，曾莱、曾旭东等只得隐蔽活动，年底就撤离了内江。

尽管东乡农民的抗亩捐斗争最终被阻止，但是，东乡农民反地亩捐斗争点起的星星之火仍然在这疾风暴雨中顽强地燃烧。1930年年初，东乡农民又参加了洪渊德、唐爵廷领导的反年关逼债的抗捐抗粮斗争。东乡农民运动是在土地革命战争时期由中共内江县地方党组织领导开展的一场声势浩大的农民运动，其声势震撼了全县，乃至全川，在内江县的农民运动史上写下了华丽的篇章。

第四节 西乡蔗农反糖房老板

内江盛产蔗糖。过去，由于军阀混战导致内江每年的粮税和糖税增加，糖业利润下降，糖房老板就把损失转嫁到农民身上。他们以压价、压秤（暗中加大秤的支码）、压级（以114斤为100斤）等手段欺压蔗农，种蔗居多的西乡农民苦不堪言。

1930年春，廖恩波返回家乡白马庙进行隐蔽活动。为了打击敌人，维护广大蔗农的利益，春节期间，廖恩波以拜年为名，在张太清家组织召开西乡地下党员和群众积极分子20多人参加的秘密会议，主要研究成立蔗农组织"青山帮"（蔗农为维护自身利益而成立的一种组织）及反糖房老板压价、吊大秤等事宜，启发激励蔗农为自身利益而抗争。会后，与会者奔走各乡蔗农家开展组织"青山帮"活动，团结蔗农，跟以糖房老板为主的"制糖帮"进行斗争。

1931年冬，甘蔗收获的季节到了，糖房老板照常对蔗农要手段。受过教育，已经团结起来的蔗农要求当面复秤，结果双方发生争执，有的糖房甚至发生了流血事件。西乡的张家、凤鸣、全安、凌家等乡尤为突出，斗争此起彼伏。

由于斗争不太集中，抗争之势没形成高潮。这时，中共内江县委派高允斌、余栋梁以蔗农身份深入西乡扩大"青山帮"，组织蔗农开展斗争。不久，高、余二人以办酒席的方式组织召开"青山帮"会。到会蔗农600多人，主要研究与糖房老板开展斗争的具体事宜，大家一致同意蔗农以打官司的形式同糖房老板进行斗争。随后，高允斌等代表蔗农向法院提出控告。但几次堂讯，法院都为糖房老板辩护。为此，蔗农代表提出抗议并拿出白马庙南华宫糖房特制秤交法庭检验，结果秤砣下面有一块生铁。平时，糖房吊秤人用尽手段，一般130斤甘蔗只能称出100斤左右。在铁证面前，糖房老板也自认理亏。法庭只得责令糖房老板按期退还蔗农历年被盘剥的损失费（倒推10年算起，包括吊大秤、压价和低价买青苗等款项约100多万元）。规定从当年起，糖房不准低价买青苗。蔗农代表提出，还款不归私人，而用来办农民子弟学校，让农民的孩子免费读书，斗争取得初步胜利。

按达成的协议，蔗农当年的甘蔗收入比往年增加一倍。但是，与地主、资本家利益一致的政府当局没诚意执行协议。等风波平息，县知事只对糖房老板罚款3 000元了事，广大蔗农想要子女读书的正当要求成了一纸空文。虽然如此，蔗农维护正当权益的斗争还是在一定程度上打击了"制糖帮"的实力，糖房老板有所收敛。当年，蔗农收入有所增加。同时，广大蔗农通过这次斗争也得到了锻炼。

第五节 抗日救亡运动

1931年九一八事变拉开了十四年抗战的序幕。

1938年9月，在省工委的领导下，内江重建党组织。在党的领导和影响下，"内江三三一剧社""内江大众剧社""内江抗敌剧社"等抗日宣传团体相继建立。其中特别有影响的是党领导的"内江兴华歌咏剧社"和"内江孩子剧团"。他们的宣传足迹不仅遍布内江城乡，"内江孩子剧团"还北上成都、南下重庆一路宣传抗日。

阅读材料

浴血奋战的内江籍将士

1941年7月28日，日机第一次轰炸内江县城。据报："二十八日十时许，敌机十八架分两批来袭，在城内交通路东段、东坝街、桂湖街、文英街及城外汽车加油站、河对门等处，共投弹20余枚，炸死15人，炸伤42人，毁房3幢，损房45幢。"

同年8月22日，日机再次更猛烈地轰炸内江县城。据当时内江县税务局的代电说："二十二日中午，有敌机9架飞临市区集中轰炸，投下爆炸弹、烧夷弹多枚，城内大东街、小东街、东坝街、南街、华佗街、三道拐街、箭道街及东外河街等处均被炸，尤以河街一带灾情尤为惨重，大火入夜未熄……"曾在县城小东门坎下小南海开铁匠铺子的苏荣祥事后回忆道："过河一看，遍河坝都是尸首，大人、小孩、男的、女的，横摆竖倒，血肉模糊，实在不忍心看……回来一看，哪还有什么家？房子家具烧完了，已经打好的成品，都烧成了废铁，价值一千多元的货，变成了只能卖几十元的废铁。真是倾家荡产了，我们几代人做的铁匠铺，连本钱都收了，只有全部搬回田溪口老家。像我们这样倾家荡产的人家多得很，有些不但家破，而且人亡，苦难更深了。河坝街上齐老禹庙，下齐碳帮王爷庙，里齐城墙，外齐十字口，完全烧得精光。当晚，河坝头一晚到亮，哭声不断，惨不忍闻。"据《四川抗日战争时期人口伤亡和财产损失》指出，这一天，敌机9架，投炸弹44枚，伤123人，亡72人，损房763幢，毁房470间。

抗战全面爆发后，川军将士在四川人民抗日怒潮的推动下，出于爱国热情，先后纷纷开赴前线，直接参加对日作战。据统计，十四年中，四川儿女应征赴战的壮丁达三百万人，占全国奋战在前线的总兵力的五分之一。如此庞大的兵源，大大充实了正面各个重要战场的兵力，以致当时前线流行有"无川不成军"的说法。

广大川军将士在生活极苦、装备简陋的情况下，以极大的爱国热情和高昂的斗志，转战于山西、山东、河南、皖南、京沪、苏浙、鄂西、湘桂一带。十四年中，他们先后参加的大型会战有淞沪会战、太原会战、徐州会战、武汉会战、南昌会战、随枣会战、豫中会战、长衡会战、桂柳会战、粤湘桂边区会战和豫西鄂北会战等。尤其在淞沪会战、藤县战役等对日作战中，他们手持陈旧的枪械，面对装备精良、海陆空联合作战的敌人，浴血奋战，狠狠打击了日本侵略者，得到国民政府军事委员会的嘉奖和各地人民的赞扬。

在这些战事中，参战的内江籍将士为了国家的安危、人民的利益，在枪林弹雨中冲锋陷阵，奋勇当先，血洒疆场。据不完全统计，十四年中，在战场上阵亡的内江籍将士有810人。

由于国民党正面战场上执行的是片面抗战的路线，加之指挥失误和武器陈旧，尽管各地军民不惜以血肉之躯奋勇抵抗，但都难以力挽狂澜，扭转不利的局面。但是，广大国民党抗日战士为国慷慨捐躯的精神却是非常可贵的。正如聂荣臻同志指出的："许多为民族独立而英勇殉国的国民党爱国将士，与在抗战期间为抗击日本侵略军而壮烈牺牲的无数共产党员、我军将士和人民群众，仍然令人崇敬不已。"

——节选自政协内江市东兴区委员会主编文史资料第十九期《抗战文史选集》

内江县在十四年抗战中的贡献

十四年抗战期间，天府之国的四川是大后方，内江县又是四川的腹心之地，内江县人民在人力、财力、物力上做出了巨大贡献。

一、人 力

在十四年抗战中，内江县人民踊跃应征入伍，全县服兵役人员至少在三万人以上。在内江的从军者当中，有很大一部分热血青年和爱国人士是自愿应征入伍的。内江县政府雇员陈益华、靖民乡第二国民学校校长门寿成和第九国民学校校长冯巨臣以及警察局事务员雷立章等均自愿弃职从军。从军者的家属也是积极支持，妻送夫、母送子、兄弟姊妹相送参军的事例数不胜数。

二、财 力

抗战期间，东南富庶各地先后沦陷，湘、豫、黔、桂也接连变成战场，国家的财政开支主要靠四川负担。内江县人民为支援前线，节约度日，竭尽全力出钱出粮。据统计，十四年抗战中四川负担了国家总支出的三分之一，在抗战最困难的时候，一般估计，四川承担了国家总支出的百分之五十以上。内江县人民贡献的赋税比原定的净增2.8倍，特别是1941年上季，净增达12倍之巨。

同样，四川出粮最多，1930—1934年五年间，所征稻谷量占全国的38.57%，所征谷麦量占全国的31.63%。粮食主要存于城内、椑木镇、茂市镇等各处仓栈，交通便利，随时可以起运。

三、物 力

坚持抗日，直至打败日本帝国主义，作为大后方之一的内江县，除了在财、粮方面尽力保证战事的需要外，同时，还对前、后方所需的部分物资，特别是军用物资负有保障供给的重任。

首先，恢复和发展了传统的奄奄一息的蔗糖制造业，生产的蔗糖除供应四川各地外，还要上运陕西、河南、甘肃等地，湖南、湖北、贵州和云南等地也有销售，保障了军需民用。其次，内江县为打破封锁，新兴一批酒精工业。酒精不仅用于医疗、实验等方面，还是战时交通运输中必不可少的动力燃料。据《四川省统计年鉴》载：当时酒精厂内江县有11家、资中县有6家、简阳县有2家、威远县有1家，合计20家，约占全省总数的24%。从酒精的产量上看，建于内江县椑木镇的四川酒精厂在1939年以前，其产量占了全国产量的一大半，以后，随着各地酒精厂的建立，内江县酒精产量仍占全国产量的1/4～1/5。

1945年8月15日，穷途末路的日本帝国主义宣布无条件投降。9月2日，日本投降仪式在东京湾的美军密苏里号军舰上举行，日本代表签署了投降书。

内江县人民闻讯后欣喜若狂，奔走相告，欢庆胜利。内江县早在8月10日，日本政府宣布要求投降，晚八时左右，大西街中国银行得到重庆广播电台消息，用大红纸写出喜讯，人们奔走相告。接着是各街巷鞭炮声不绝于耳。有的公司行号和住户，鞭炮一放再放，街面上的鞭炮渣铺了厚厚一层。

内江县人民在十四年抗战中的功绩和贡献永载史册，辉映千秋！

—— 节选自《内江抗日救亡运动档案史料选编》(收入本书有删改)

兴华救亡歌咏话剧社第一次演出剧照

歌剧社

在桂湖街建德小学办的民众夜校。中共内江县委书记闻化鱼、党员谢碧芳等人担任教师。

内江孩子的抗战

内江孩子剧团表演受欢迎

1939年1月19日

川康社：内江孩子剧团战时宣传兵役巡回宣传队，昨日由内抵蓉，消息曾致报端，现悉该队队长温余波年仅15岁，其余团员四人：蔡明扬13岁、张国祥16岁、张芳霖14岁、陈大贤10岁。该团抵省后曾分谒各方当局，均获嘉奖。并于每晚在春熙路等地表演金钱板、莲花落及抗战小调等，极得广大群众热烈欢迎。该团在蓉尚有十余日勾留，每日昼赴各乡宣传，夜在城市工作，颇为辛苦。至于该团经费，则由团员自己互相凑集，决不向外募捐。

——原载于民国二十八年（1939年）一月十九日成都《华西日报》（第七版）

请看孩子们

1939年1月19日

内江孩子剧团的孩子们，在离开家的时候，由地方保甲亲邻合同出具证明文件，保证他们永远忠于国家，不做汉奸。于是，剧团成立了，到处做救亡工作，靠打金钱板、说评书得来的钱吃饭，这样一直走拢了成都。

成都人说应该开会欢迎的，他们是小孩子，但他们做的事比大人聪明而勇敢。

救亡宣传，不是十分难的事，决心要做，总是黄口小儿，也就做了起来，这里面没有教授，也没有谁有入学资格，然而做起来了，就像夏天生菌子一样，不要你担心他们生长不起来，但决不是自然生长，是自身努力，是合力指导，互相帮助。

——原载于民国二十八年（1939年）一月十九日《四川日报》（第二版）

祖国的孩子们

——内江孩子剧团团歌

起来吧！起来吧！祖国的孩子们！
起来吧！起来吧！殖民地被压迫的奴隶牛马！
划时代的"一二·九"，它掀起了民族革命的浪潮；
伟大的"八·一三"，它燃起了民族解放的火把！
我们不愿做羔羊！我们不愿做羔羊！
我们要反抗、反抗、反抗！反抗到奴隶们能够抬头向上！
我们不愿做牛马！我们不愿做牛马！
我们要战斗、战斗、战斗！战斗到胜利属于我们的时候！
我们臂挽着臂，手拉着手，我们争取明天的自由！
我们臂挽着臂，手拉着手，踏向真理的战场！向着光明的路上走！

——节选自《中共内江县地方党史资料汇编1919—1949》

解放内江

　　1949年11月30日重庆解放，12月3日泸州解放，中国人民解放军10军30师由隆昌西进逼进内江。国民党溃集内江，有弃车辆、器械以图轻装逃命的，有沿公路西走成都的，有散布其他县道游离的，有滞于椑木镇渡口待船抢渡到凉水井、长八里的。有些残兵找不到队伍，便以重金买民服求保命。与此同时，内江县民众自卫队副总队长罗耕岗，在城区和东区、南区分建守备区，吴建波（退役少将）、邓树人（退役少将）、张瑞虎为各守备军指挥官。罗、吴、邓、张四人皆为民革委员，意在控制地方武装，迎接解放。

　　12月4日午后，国民党27军31师师长李我，率部赶来内江布防，扬言要在内江与解放军决一死战。李我为了找个替死鬼，方便自己脱身，傍晚，李我召见罗耕岗，告知他，自己会立即电报省保安司令部和胡宗南，委任他为内江地方团指挥官，少将衔，负责维持地方治安。5日拂晓，李我率部匆匆撤离内江，逃生去了。县长、警察局长相机逃离去资中。于是，内江出现"真空"状态。5日上午，罗耕岗以指挥官名义，召集各法团负责人、城区各镇镇长以及一些有代表性的人物，成立内江县临时安全委员会，并指挥武装占领政府机关要害部门，守护档案、公共设施、监狱、仓库、通信之局、台、所，以及渡口等处，同时发布安民公告，宣布严禁抢劫公私财物等"十杀"条令。12月6日，中国人民解放军10军30师（师长马忠全，政委鲁大东）以88团作先头部队，向内江跑步前进。得到消息后，椑南乡乡长邱存甫、自卫大队副队长周学谦和椑西镇镇长张道谦等人，派4辆私营卡车去迎接解放军部队，同时亲自去迎接部队首长。罗耕岗接报，调派汽车8辆，去黄荆坝迎接解放军入城；汽车工会叶秋萍闻讯，派出汽车7辆同往。临时安全委员会派傅长楠为代表去三元井，与解放军取得联系。傍晚，中国人民解放军10军30师88团长刘墨卿率部入城，城内四街灯火通明，各商店开门并点燃香烛，以示欢迎。内江宣告解放！

　　解放军经南街、西街去外西岛湾，军纪严肃，步伐整齐，笑对所有民众。晚6时左右，从自贡方向来内江的中国人民解放军，受到民盟内江负责人尧文藻、张匀石等人迎接。12月12日，内江人民在梅家山广场隆重集会，欢迎解放军，庆祝内江解放，到会万余人。各界人士向解放军赠黄绸黑绒字锦旗，上题"为王者师"。会后举行环城大游行，内江人民敲锣打鼓，载歌载舞，全城一片欢腾。

 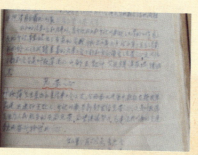

为迎接内江解放，1949年10月底，四川汽车工会派地下党员叶秋萍到内江负责内江汽车工会保车护厂、迎接解放等各项工作。12月6日，汽车工会的工人将抢修好的6辆车和1辆小轿车组成1个车队，迎接内江解放。

游平的回忆材料

征粮剿匪

拉开序幕

　　内江解放初期，粮食供求关系非常紧张，因敌方特务破坏，交通阻塞，地主、资本家囤集，粮食市场上市量小，价格昂贵，且需以物易物或银元交换。公仓粮食，也因国民党军政人员乱支挪用与盗卖，所剩无几，不能解决部队急需与地方经费兑现问题。1949年12月10日，中共内江县委书记郭克、县长石大观同志到达内江后，即着手建立县、区两级人民政权，开展向大粮户借粮应急工作。

　　1950年1月3日前，内江县第一、二、三、四、五区人民政府，分别设在城区、观音滩（现顺河镇）、白马、高粱镇、便民乡（现双才镇），共辖57乡（镇），874保。1月3日至4日，中共资中地委（后改为内江地委）召开县书记联系会议，川南区党委第二书记彭涛同志到会作了"关于征粮工作的报告"，研究部署了征粮和税收工作，地委书记陈刚同志作了总结发言。为了保证完成征粮任务，全县组织了四百多人的征粮工作队，大都是县、区委和人民政府干部，包括从解放军中抽出的指战员，西南服务团、二野军大来的干部，以及内江县地方干部训练班结业的学员，还有一部分是从旧政权中接收过来的职员。工作队视乡大小，由3～8人组成，一般由进军来的干部担任组长。 1月14日，中国人民解放军第10军29师奉令进驻内江地区，成立内江军分区，师部驻内江县，同时成立内江警备司令部，以执行征粮、剿匪、反霸、安定社会秩序、组织地方武装及参加成渝铁路建设为主要任务，并派一个排进驻高粱镇，派一个班到观音滩，工兵连和炮二连驻白马镇，炮一连驻椑木镇，负责成渝、内井公路的安全。侦察连负责城防治安，并巡视各乡，支持地方工作。同时，抽调部分营级干部出任各区区委书记或区长，接替调走了的各区领导干部。一区区委书记刘建，区长高殿成，副区长张菊廷；二区区委书记王凤强，区长张金堂，副区长李明；三区区委书记于永山，副区长赵传祥；四区区委书记马金辉，区长孔祥祯；五区区委书记张新会，副区长郭双才。1月15日，内江县人民政府召开第一届各界人民代表会议，出席代表259人，由地委书记陈刚、专员张励、军分区司令员周发田、警备司令孙济云、县委书记郭克、县长石大观、副县长王世昌等19位同志组成主席团，召开专题会议。会上，石大观同志宣读了《川南区一九四九年度公粮征收暂行条例》，传达了征粮命令和任务。

遭遇险境

征粮工作开始后，贫农、中农盼望减租、早土改、早翻身，表现很积极；富农则看形势，看地主的态度；地主中除少数开明士绅主动交粮外，多数是拖拉敷衍，尤其是一些大粮户，不仅不作交粮准备，还与土匪勾结，破坏征粮工作。乡、保长中，少数真心协助人民政府征粮，多数与地主串通一气。1950年1月，国民党军队残余部队和潜伏特务以及一些乡、保长和部分参议员，趁解放军刚到内江，并有西进消灭国民党大部队任务，无暇注意地方，尚未充分发动群众的机会，利用手中掌握的枪械，编造"解放军要共产共妻、普杀普烧"的谣言，并威胁群众，称"不参加他们者，烧房，杀头"。在潜伏特务的策动下，发生多起反革命武装暴乱，使征粮工作遭到严重破坏。从1949年12月10日起至1950年3月25日止，仅收到粮食230万斤，只占当时总任务的4%。

内江县的暴乱土匪猖狂至极，肆无忌惮地攻击征粮队伍，残害老百姓，枪杀征粮队员。1950年1月30日，苏家乡匪首王明儒率匪10余人，将苏家乡征粮工作队甘鹏等3人捆绑关押，并枪杀于诸古寺坳口。1月31日，匪首刘海东、李从革、雷秉全等，率匪400余人，攻打第四区人民政府（今高梁镇）。区委书记马金辉等组织区干部和驻地警卫排还击，毙伤土匪30余人。下午，军政大学干部邵晓棠等三人被土匪杀害。当晚，区委书记郭克、内江警备区参谋长李克及区侦察连长贾年根率部赶至，匪溃散。2月2日，第四区各乡匪首集聚杨家场，推刘海东为总指挥。2月4日，匪首黄天相、谢光普率匪数百人攻打第二区人民政府（今观音滩）。县委组织部长张良桐、区长张金堂、军分区警卫连副连长耿福祥等率部抗击，匪纵火烧南华宫粮仓。张良桐率部突围，遭伏击，李明、雷孝林、陈进渠、吴德光、康德富、罗继仁等牺牲，张良桐、耿福祥等受重伤，8名地班干部被捕。2月4日晚，张金堂等10余人向县城转移。2月5日晨，土匪进场搜捕，张良桐、耿福祥等9人被害。同日，匪首刘建邦、艾雄武、邱长镇等，率匪千余人，攻打第五区人民政府（今双才镇）。区委书记张新会、副区长郭双才率众抵抗。下午，匪纵火烧毁区政府。天黑，张新会指挥突围，张新会等4人脱险，郭双才于突围中牺牲。土匪冲入区政府，区干部张思敏、李玉成、刘子厚、戚平、杨茂贵、祝康胤等10人牺牲，张政、巫萍（女）等48人被捕，押至胡市坝，邱长镇指挥匪徒将张政、陈金山等6人枪杀。次日，王安华被活埋于贾家，张学文等3人被杀于石板坝。6日，巫萍在陈家寺被枪杀。同日，赖培、刘自初率匪攻打万家乡征粮工作队，枪杀工作队队员赵志刚，又将工作队队员杨自成、刘玉霞（女）同坑活埋。2月7日，蓝绍卿率匪袭击全安乡征粮队，将李秋竹、段富全枪杀于桐子坡。2月12日，黄天相、李从革率匪洗劫田家场。2月26日，军分区警卫连和第四、五区武工队在高桥与黄天相匪部激战，拒匪于高桥东头。短短十天内，被土匪杀害的解放军和地方干部达57人，整个形势从开始的表面平静迅速变为激烈的武装斗争。

英勇奋战

在这个紧要关头，内江军分区司令员周发田令通信排长李化海率16名精悍骑兵飞赴自贡送信，请示军部调兵保卫内江。2月27日，中国人民解放军30师88团尹心明、向平率第3营投入内江剿匪作战，击溃再次抢劫田家场的土匪，毙匪30余人，生俘5名，获长短枪40支。同日，内江县人民政府判处抢劫犯黄纪文、刘玉良、祝仿林死刑。2月28日，"光复军第六纵队"周用昭、刘建邦等在贾家场召开匪首大会，密谋攻打内江县城。中国人民解放军30师88团3营闻讯后赶至，众匪弃宴而逃。复反扑，最终毙匪中队长曾文富等30人，活捉匪大队长肖炯等80余人，获长短枪32支，子弹200发。3月1日，中国人民解放军30师88团3营在贾家周家寺俘匪31人，击毙4人，获步枪2支。3月6日，军分区侦察1连、2连与黄天相、谢光普匪部激战于平坦，经两日，毙伤匪徒200余人。

　　3月8日，中国人民解放军某部与黄天相、谢光普匪部在晒鱼滩激战数小时。次晨，又转战于白鹤场，再战数小时，谢、黄匪部分别溃退至演教寺和仙女井，大大挫败了匪众猖狂气焰。3月11日，刘建邦与罗广文去资中马鞍山。县长石大观率四、五区武工队，配合30师88团3营，以一日急行140里奇袭。拂晓，至资中太平附近，遇刘建邦，即战，毙匪3人，活捉刘建邦。3月14日，匪首周用昭、李旭阳、刘海东调集内江、安岳、资中三县周边匪众数千人，攻打驻高梁镇解放军。军分区参谋长兼内江警备司令孙济云率运粮队400余人赶至，内外夹击，毙匪20余人，伤40余人，俘10余人。3月16日，内江县人民政府在梅家山广场召开公审大会，判匪首刘建邦、肖炯、王占武死刑。4月3日，内江专区剿匪委员会成立，周发田为主任，陈刚、张励为副主任。4月4日，周发田亲自率部去东乡一带剿匪。4月6日，内江县剿匪委员会成立，石大观、李明（公安局长）分任正、副主任。4月11日，中国人民解放军30师88团1营何教导员率部在观音滩附近，活捉李金月等41人，获冲锋枪1支，步枪2支。4月15日，军分区侦察2连连长贾年根率部进剿来凤场"光复军第六纵队"之高继、何子丹、陈光载2个支队，俘70余人，获机枪2挺。4月24日，驻杨家乡解放军奇袭万家冲股匪，活捉匪大队长周建等30余人，获步枪18支，短枪1支，子弹140发。

取得胜利

　　5月9日，中国人民解放军541团3营指导员刘子因率4个排兵力，分3路合围集结于安岳清流一带的"光复军第六纵队"残部，生俘匪副司令李眸瞭等80余人，击毙80余人，获步枪52支、卡宾枪2支，以及匪司令部印信、文件等。内江土匪集团从此土崩瓦解！1951年5月，最后一名逃亡匪首黄天相，在内江与荣昌交界的铜鼓镇附近被观左乡退伍军人雷云章徒手擒获，至此，剿匪工作取得彻底胜利。

　　据统计，全县消灭股匪34股，枪毙124人，俘匪1 314人，自新5 178人，缴获枪支3 914支（指有记录的，枪支交牛队者未纳入统计）。臭名昭著的匪首段西铭、蒋正楠、王禄仁、王镇凡、李从革、刘荣熙、刘海东、黄天相、谢光普、刘建邦、李旭阳、何渠汇、蓝绍卿等全部伏法，处以死刑，随后处理了一批参与暴乱的乡、保长。

　　通过剿匪，粉碎了国民党反动派妄图在内江建立反革命游击根据地的罪恶阴谋，安定了社会秩序，巩固了人民民主政权，唤醒了广大人民群众，为开展减租退押、清匪反霸打下了良好的群众基础。乡、保的领导权过渡到了农民协会手中，实现了人民当家做主，加快了征粮工作的进度，最终胜利完成了这一具有划时代意义的征粮任务。从此，内江人民站起来了，在党的领导下，走向光明！

课外拓展
1. 查阅五四运动资料，了解运动过程；
2. 说一说五四运动的意义；
3. 学唱《五四纪念爱国歌》《咱们工人有力量》《甜城赞歌》《地道战》《解放区的天是晴朗的天》《革命人永远是年轻》《红军最强大》等歌曲；
4. 观看《建党伟业》《春》《举起手来》《开天辟地》《湘西剿匪记》等影片；
5. 对你身边的人宣传东乡农民抗亩捐的事迹；
6. 查阅十四年抗战史料；
7. 制作剿匪英雄小报。

第二篇

先辈事迹

第一节 时代先锋黎灌英

黎灌英（1895—1928）

又名冠英，1895年8月2日出生在四川省内江县蟠龙冲（今胜利街道）的一个农民家庭，幼年启蒙私塾，15岁时考入内江县立中学，18岁时，以优异成绩考入成都储才中学。

1923年年初，黎灌英在内江结识了廖恩波、廖划平、廖释惑等进步青年，他们常常在一起阅读《新青年》《马灯》等进步书刊，一起交流思想，探索人生，抨击时弊，渐渐懂得了革命道理。1923年，经廖恩波、廖划平介绍，黎灌英加入了中国社会主义青年团（现中国共产主义青年团）。不久，他便成了内江团组织的负责人。1925年年底，在重庆由中国社会主义青年团员转为中共党员。1926年2月组建了中共内江县特别支部，任特支书记。青年时期，黎灌英先后与廖恩波、谢独开等组织读书会、民团，开办讲习所，积极从事革命活动，历任内江县中区民团副总、内江东乡联合团负责人等。

1927年3月31日，四川军阀刘湘在重庆制造了屠杀革命者的"三三一"惨案，形势突变，黎灌英被迫离开内江，便向党组织提出到条件更艰苦的郫县工作。不久，组建了中共郫县临时县委，黎灌英任县委书记。在他的领导下，农民抗捐抗税运动进行得如火如荼，反动当局极为恐惧，下令通缉黎灌英。

1928年2月，黎灌英被省委安排到绵竹县，任中共绵竹中心县委书记，并增补为省委候补委员。到绵竹后，黎灌英积极落实省委贯彻中央八七会议精神，着手农民暴动工作。

7月2日，行动委员会率领数百农民，到绵竹县政府示威游行，要求减租减税，迫使县长答应了群众的要求。黎灌英立即召开中心县委紧急会议，决定在7月3日夜举行暴动，攻占县城，监理川西北苏维埃政权。7月3日晚，暴动按计划进行，参与暴动的群众1 000多人聚集城外，黎灌英代表行动委员会宣布武装起义。7月4日拂晓，起义队伍正欲攻城时，伏兵四起，疯狂袭击，起义军被围困在城外毫无遮掩的平坝上。尽管起义军英勇还击，终因敌我力量悬殊，起义队伍伤亡严重。黎灌英当机立断，下令起义军分散突围。告密者谭尊五（原民团大队长）佯装护送黎灌英和张民宽、李晏蟠两名战士，来到汉旺至马尾场的一棵大枣树下，谭尊五撕下假面具，威逼黎灌英等人投降。黎灌英断然拒绝，同谭尊五及其随从进行英勇搏斗，因寡不敌众被擒。敌人以死相逼，黎灌英等人正气凛然，痛斥谭尊五。谭尊五气急败坏，下令将三人乱刀砍死。黎灌英壮烈牺牲，年仅33岁。

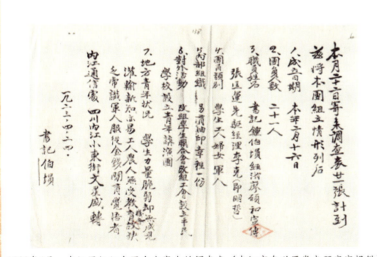

1923年4月，内江团组织向团中央寄去的调查表（内江市东兴区党史研究室提供）

1981年12月14日，成都市西城区民政局批准黎灌英为革命烈士。1992年，内江市革命烈士陵园为黎灌英建墓树碑，供后人瞻仰祭奠。

——节选自内江市东兴区党史研究室编：《红色东兴》

闻化鱼（1913—1948）

　　又名张子英、余化龙、徐子瑜，内江市东兴区高梁镇人。幼年在本乡私塾读四书、五经，后在高梁小学读高年级，1929年考入内江县立初级中学，各科成绩优异。在校期间参加了地下党领导的反对学校当局任意调换教师的择师运动和进步学生组织的"警觉青年谈话会""亲青社"活动。

　　1932年秋，闻化鱼在内江县立初级中学毕业后，先后在高梁镇黑神庙、凌家场、观音滩小学和内江县城第一小学任教。1936年下半年在内江县城第一小学加入中国共产党。同年9月，他与中共党员唐任民和张丹书等，强烈反对国民党内江县政府教育科发起为蒋介石50寿辰献金购机活动。学校校长对此大为不满，不久，闻化鱼即同张丹书等被学校解聘。

　　1937年年初，闻化鱼被党组织派往自贡，考入川康盐务局，以职员身份作掩护从事革命活动。他和盐务局爱国青年黄世元（黄友凡）等组织了"抗日军训队"，学习军事知识，开展军事训练。带领"抗日军训队"成员分头到全市各工厂、学校、机关、街道宣传党的《抗日救国十大纲领》，并组织了"抗日文艺研究会""自贡市抗敌歌咏团"和"自贡市乡村巡回抗战话剧团"等，积极地宣传抗日救亡。

　　1938年年初，闻化鱼被调到成都工作。同年秋，由于形势发展及工作需要，又被党组织派回自贡打入国民党自贡市党部特务室做内线工作。他巧妙及时地将敌人内部情报送给党组织，利用敌人内部矛盾，有力地保护了党组织，推动了党在自贡工作的开展。

　　1938年10月，自贡中心县委调闻化鱼到内江县任特支书记，特支改县委后任县委书记。他积极发展党员，领导和支持"内江兴华救亡歌咏话剧社""内江孩子剧团"等抗日救亡群众团体的活动，使内江的党组织和抗日救亡群众团体有了较大的发展。在这期间，他还注意开展工人运动，帮助缝纫工人集股成立了"缝纫生产合作社"，开办了工人民众夜校，支持缝纫工人反对署衣厂老板剥削、压迫工人的斗争等，深受工人的爱戴。

　　1940年春节前夕，闻化鱼被派往荣县任县委书记，1941年4月任中共宜宾中心县委委员。根据党中央提出的"隐蔽精干，长期埋伏，积蓄力量，以待时机"的方针，他利用一切机会结交各方面朋友，积蓄力量，以待时机。

　　1945年5月，闻化鱼被调到重庆《新华日报》社，在读者来信来访处负责社会服务版工作。1947年2月28日，国民党反动派突然出动军警包围、搜查四川省委、《新华日报》社，软禁中共人员，抢走部分财物，并强令《新华日报》停刊。闻化鱼和报社人员一道坚持工作，坚持斗争，高唱《古怪歌》予以回击，直到出完最后一张报纸，才于3月7日随报社人员撤离去延安。

　　1947年3月，闻化鱼刚到延安不久，即随同中央后方工作委员会渡过黄河到晋绥，在中央城市工作部举办的"青训班"任教务主任兼三支部书记。10月，中央号召四川干部回四川，组织群众开展游击战争，他积极报名参加"四川干部队"（代号"长江支队"），任第四大队中队长。1948年夏，"四川干部队"集中到当时的陕南军区"两陨"（陨西、陨阳）地区各县参加新解放区的实际工作，积累经验，准备以后随大军进西南参加接管工作，闻化鱼被分配在均县任县委宣传部长。

　　两陨地区是新解放区。当时，解放军主力部队转移，地区武装乘机进行反扑，全区出现土匪武装数十股。1948年9月1日，国民党均县保安团残部乘机攻打均县县城。闻化鱼奉命带领一支队阻击敌人。为不暴露县委机关，他主动鸣枪将敌人引向自己，以牵制敌人。大家安全撤离，但他在转移途中不幸被俘。残匪用皮鞭、枪托残酷地折磨他，妄图要他说出县委转移所在地点，可他始终挺直腰杆，怒视群魔，一言不发，对着敌人发出轻蔑的冷笑。灭绝人性的敌人恼羞成怒，竟用刺刀剜他的左眼，割他的鼻子和耳朵。他强忍剧痛，不停地高呼："中国共产党万岁！"最后被敌人乱刀肢解，壮烈牺牲，年仅35岁。

高伯礼（1896—1933）

又名高山子，化名高郭宣、郭煊、郭朝栋，内江市东兴区华山乡人。

1925年，高伯礼赴广州考入黄埔军校第四期步兵科，更名高山子。不久参加中国共产党领导的"青年军人联合会"。1926年黄埔军校毕业后，参加北伐战争。1927年，参加"八一"南昌起义，随贺龙、叶挺进军广东。高伯礼在红二师任营长、教导队队长。10月下旬，红二师参加彭湃领导的海陆丰第三次武装起义，高伯礼率部投入紫金县南岭、公平等战斗。1929年春，高伯礼由东江返回四川从事革命斗争。

1929年5月25日，中共四川省委派高伯礼去荣县恢复党组织，任荣县县委书记。在高伯礼领导下，荣县党组织和农协会活跃，被表扬为"川南模范"。

1930年年初，高伯礼奉命接任内江县委书记。7月，县委委员傅宾旸、黎光谦及上级派来搞军运的张继文相继被捕，高伯礼组织暴露的同志转移隐藏。此后，高伯礼到自贡特别区委汇报工作，后留在中共自贡特委工作，并任长土支部书记，从事工运活动。1931年调省委搞军运。1932年调任中共自贡中心县委书记，化名郭朝栋。高伯礼经常深入大坟堡、郭家坳、贡井等盐业工人集中地区发动各灶、井工人开展反剥削、反压迫的罢工斗争，使盐井工人运动不断发展。1933年3月5日，因叛徒出卖被捕，押往21军刘崇云师部。刘崇云与国民党自贡特委会主任张晓林亲自出面劝降，许以团长之职，高伯礼答道："假如我要当官的话，师长早已当了。"敌人最后以枪毙相威胁，高伯礼毫不畏惧地说："死，有啥关系！共产党员多得很，死了我一个，还有许多人！"他们将高伯礼送至富顺监狱关押，后转送重庆21军军部。1933年5月5日，高伯礼在重庆两路口英勇就义，时年37岁。

1982年3月20日，内江县人民政府追认高伯礼为革命烈士。

谢独开（1899—1930）

名顺中，化名杜英华、杜威，内江市东兴区观音滩川主坝人。

1917年考入内江县立中学，两年后转从名师罗仲武攻国文。1919年，谢独开等进步学生上街作反帝反封建宣传，查禁内江"义为利"商店日货。1921年投笔从戎，考入川北边防军军官讲习所，毕业后，在熊克武部第一军第三混成旅任排长，后升为营副。后辞职回内江，参加廖恩波、黎灌英等人组织的"读书会"。1923年加入中国社会主义青年团（现中国共产主义青年团）。

1924年，内江团练局局长马祥九、商会会长林基九、浮桥经费收支所所长范承九勾结军阀官吏为非作歹。黎灌英、谢独开召开民众大会，揭露"三九"贪污钱粮、欺压群众的罪恶，县知事被迫将"三九"收监候处。白鹤场成立内江县东乡联团办事处，开办民团干部传习所，谢独开负责军事训练，兼一分队队长。民团传习所迁至富顺县三多寨继办后，谢独开出任政治教员。1925年5月，安岳民团负责人李崇光支持民众抗捐抗税，与28军李家钰师发生军事摩擦，民团被迫退到内江县白鹤场。谢独开与陈子虞一起，联络组织内江、富顺两县民团3 000多人，分驻内江至安岳的交通要道，构成"三县联团"态势，逼李家钰部退回遂宁。秋，谢独开参加重庆国民外交后援会活动。年底，由共青团员转为共产党员，并以个人身份加入国民党（左派），出任国民党（左派）内江县临时党部执行委员。

1926年春，谢独开协助黎灌英创办内江公学，发动有志青年投考黄埔军校。1926年冬，同武汉黄埔军校分校来渝招生的陈维忠一起，带领四川140余学生（其中女生40人）进入黄埔军校武汉分校学习。1927年，谢独开随同中共中央委员邓中夏等人去国民革命军第7师工作，任中校参谋。"四一二"政变发生后，各地有志青年滞留武汉。6月，党组织将这批青年吸入贺龙的国民革命军第20军学兵营，谢独开任营长。不久，学兵营与其他两营合编为国民革命军第20军3师教导团，谢独开任副团长，随军参加南昌起义。9月底，教导团到达广东潮州，谢独开左脚受重伤。

1928年夏，党组织将谢独开从上海调回重庆，从事武装斗争，担任行动大队长职务。是年冬，到28军第7混成旅邝继勋（中共党员）部做军运工作。

1929年春，中共四川省委派谢独开到川西一带建立革命武装。

1930年8月，中共四川省委（临时）计划建立川中武装力量，以联络川西、川东开展游击战争。谢独开带领谢岳东前往安岳，准备改造王永清的土匪队伍。王永清将二谢扣留，并将其杀害于安岳宝华寺。

邓遂良 （生卒年不详）

　　1939年9月，由日本第11军司令长官冈村宁次指挥，日军发动赣湘战事，我军第一次长沙保卫战开始。战役期间，驻守在九宫山的川军第30集团军新14师一部在激烈抵抗之后，奉命撤退至二线阵地。但其中一个排却没有执行命令，继续在一线阵地作战。后来得知，当部队撤退时，位于最前沿的4连1排已被完全笼罩在硝烟弥漫的炮火中，连长看见这么猛烈的炮火，以为一排已经全部阵亡，便没派人上去传达撤退命令。其实，排长邓遂良正率领全排战士巧妙作战，足足抵抗了敌人大部队整整一天。

　　邓遂良，又名邓树云，内江东兴区高梁镇人，原是新14师38团1营4连司务长。战斗中一排排长罗跃元被炮弹击中阵亡，团长指定由邓遂良代理排长。他带领全排士兵顶了敌人一天，创造了敌占区绝无仅有的奇迹！他的事迹经报道后，引起了上峰的重视。

　　不久，邓遂良被派到战区编外编练处受训5个月后，被委任为直属长官部情报处的上尉情报组长，派往鄂南，从事另一条战线的对日作战。他们的任务是搜集日寇的军事情报，破坏敌人的通信和交通，惩治敌特汉奸，炸毁敌方仓库，袭击敌小股部队和孤立据点。邓遂良建立起第一个覆盖鄂南地区的情报网，震动了鄂南敌战区。1941年8月，日寇准备发动第二次长沙战役的情报就是由邓遂良别动队获得的。

　　长沙会战期间，邓遂良曾截获了关于敌人军列运行的绝密情报。他带领5个别动队员利用山坡的坡度，在铁路上埋设炸药，炸毁了敌人运送兵员和弹药的军列。他们只用了80块炸药，军列上的全部弹药就被摧毁了，车上3 000日军几乎没有全尸，而我方五人无一伤亡。邓遂良为此获记特等功，参加行动的士兵也人人记功。

　　另一次，邓遂良率领别动队一百多人巧妙布阵，击敌600多人，打死敌军100多人，缴获步枪72支、歪把子轻机枪1挺、弹药60余箱、战马20余匹。而我方只在开战之初，敌人试探性炮击时轻伤1名战士，邓遂良为此荣获一等功。

　　为此，邓遂良成为日寇的眼中钉、肉中刺，敌人四处搜捕他。1940年5月24日，他被日军抓获，受尽严刑拷打，左眼被打瞎。即使敌人百般折磨，也无法从他口中获得口供，最终，敌人决定枪毙他。行刑的前一夜，即5月28日夜，敌人看他还是个人物，就"赏"了他一顿有酒有肉的"绝命饭"。邓遂良设法灌醉了汉奸看守，半夜，趁着雷雨交加的机会，磨断绑绳，奇迹般地逃了出来，回到别动队继续与日寇作殊死战斗。

杨家乡三英烈

周执中

周执中

又名国正、平民。1902年出生在内江县杨家乡官坟咀（现东兴区永福镇梯子岩村）的一个贫苦农民家里。幼年在本地周家大院读私塾，刻苦攻读，孜孜不倦。1920年，考入内江县立旧制中学十二班读书，各科成绩优良，学习四年毕业回乡。1924年，在杨家乡小学作教员，继任校长，为人正直，教学严格认真，尤其对贫苦好学的学生更加爱护。他平时寡言少语，生活简朴，暇时喜习书法，练拳术，偶尔下下象棋。

周执中在任小学校长时，极力主张将地方祠堂庙产用作办学经费，掌握公堂庙产的僧侣、土劣对周执中极为不满，双方常发生争端。周执中被迫辞去校长职务，但仍在学校继续任教，并于1926年参加党领导下的县、乡农协会的活动，接着参加中共内江县地下党组织。1929年间，担任了中共杨家乡支部书记，在县委书记曾莱同志的直接领导下，团结当地农协会员、党员闵乐山等，积极发动了杨家乡的抗捐抗税斗争。此次斗争历时约两月，声势极为浩大，极大地冲击了地方反动腐朽政权。由于形势逆转，反动派疯狂反扑，进行血腥镇压。1930年下半年，县里党组织遭到破坏，傅宾旸、廖释惑、黎光谦等县委领导同志多人被捕，这时担任县委委员的周执中、闵乐山两位同志暂时离开内江。

周执中匆匆离别了年老的父亲、病弱的妻子、幼小的儿女，同闵乐山一道去重庆，旋到上海。正值1931年"九一八"事变爆发，周执中、闵乐山立即参加了东北义勇军，在蔡廷锴领导下，组织了上海青年自愿决死抗日救国团，黄镇东任抗日救国团主席，周执中（改名周平民）任秘书。宣传抗日救国，唤醒民众，联合起来打倒日本帝国主义。1932年8月，全团18人，随蒙边骑兵队第一支队司令成长奎出关到热河省。黄镇东改任参谋长，周执中任书记官，采取迂道前进，费时数月，于1933年2月初抵达开鲁前线。辽、吉、黑民众后援会驻开鲁前方办事处安排周执中任参谋处秘书。2月下旬，日军大举进犯热河，战事正酣，而国民党反动派采取不抵抗政策，命令我军节节退却。在撤退途中，队伍屡被敌人冲散，于赤峰附近，完全陷于敌占区。周执中翻山越岭，爬行雪中，双足溃烂，前后经时月余，辗转到了北平，稍作养息，于5月离去后援会，仍回到上海从事抗日救亡宣传活动。

1933年下半年，周执中同闵乐山由上海去到南京，按照上级指示，准备投考南京的军事学校，致力多多培育抗日军事人才。1934年夏，周执中同闵乐山留居南京时，被一同乡敌特出卖被捕，国民党反动派不抵抗日本侵略，反把抗日爱国青年判成"危害民国罪"，关押于南京宪兵司令部看守所，1935年转押南京江东门外"中央军人监狱"，代号"973"。周执中在狱中受尽各种酷刑，兼之本身体质衰弱有病，最终病死狱中。

闵乐山

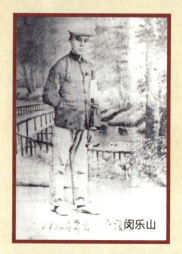

闵乐山

小名来喜，字仁先，又名碧波（曾一度被写作"跃山"）。1909年出生于内江县杨家乡官坟咀一个农民家庭。父亲早逝，母亲孀居，劳苦奔波，抚育着这一个孤儿。乐山同志，幼年读私塾时，便知勤奋用功。1923年秋，考了杨家乡小学读高小，除努力学习功课外，并喜体育、武术，注重锻炼身体。

1926年秋，高小毕业后，考入了内江县立中学初中十九班读书，由于勤奋好学，文科、理工科的学习成绩都很好。在平时能靠近学校进步组织，积极热心参加学校各项学生运动。1927年大革命失败后，中国共产党被迫转入地下斗争，地方党组织特指派其转学外地到泸州念书，后因家境贫困辍学，随后被派去贡井特区做工人，从事工人运动。1929年秋，闵乐山回到了杨家乡小学任教，并担任中共杨家乡支部委员，与支部书记周执中一起，积极开展农协会工作和组织、发动杨家乡农协会的抗捐抗税斗争。在县委书记曾莱和东南区委书记洪渊德的领导下，充分发动群众，使斗争取得了一定的胜利。但由于反动势力的强大，县、乡党的组织不断受到破坏。1930年10月中旬，闵乐山同周执中不得不一起离开内江去到重庆，再由石柱县转赴上海。

1931年"九一八"事变后，闵乐山同周执中、周振华兄弟以爱国青年身份参加了东北抗日义勇军，在蔡廷锴的领导下，组织了上海青年自愿决死抗日救国团，积极宣传抗日救国，唤醒民众联合起来打倒日本帝国主义。1932年，救国团团员18人，随蒙边骑兵队第一支队司令成长奎，出关到热河省，迢道前进，费时数月，于1933年2月初抵达开鲁抗日前线，分配在辽、吉、黑民众抗日后援会驻开鲁办事处工作。2月下旬，日敌军大举进犯热河。未几，由于国民党反动派采取不抵抗的政策，致使热河失陷，抗日爱国将士无不痛心疾首。闵乐山随同后援会，乘马撤出开鲁西走，部队遭到敌军的追袭被冲散。闵乐山随同抗日的剩余人员，历经天山、兰旗、喇嘛庙八个县份，辗转1800里，天寒地冻，日夜奔走于深山雪野，幸赖当地人指路，历尽艰险，一行数人最终安全抵达察哈尔省张家口。随后，闵乐山同救国团主席黄镇东等赴上海、广东等地向国人报告抗日经过，并向各界爱国同胞筹募抗日经费，继续从事抗日救亡工作。

1933年冬，闵乐山同周执中又一路去到南京，准备投考南京军事学校，以便更好地学习抗日杀敌的军事知识和本领。可是国民党反动派不仅自己不抗日，而且敌视有志青年，认为"抗日有罪，爱国有罪"，对抗日爱国人士进行无情的迫害。1934年夏天，闵乐山同周执中在南京被敌伪特务告密出卖，同时被捕，关押于南京道署街宪兵司令部看守所。审讯期间，闵乐山受尽严刑拷打，但始终坚贞不屈。1935年5月，伪南京警备司令部，终以"危害民国罪"，将闵乐山判处徒刑三年零八个月，并将其转移到南京"中央军人监狱"关押。闵乐山身在狱中，心怀祖国，在监狱的极端恶劣环境中，仍抓紧时间学习英语。对家庭幼小子女的教育，对家乡农村连年的灾害，铭记心中，念念不忘。由于闵乐山长期被监禁，身心备受摧残，尽管病弱仍要被强迫做劳工，终于在1937年3月15日，被迫害死于南京"中央军人监狱"，死时年仅25岁。

闵乐山用过的砚台

周振华

周振华

字国辉，又名健民，内江县杨家乡官坟咀人，1914年出生于一个贫苦农民家庭。幼年丧母，从小热爱劳动，曾在本地周家大院读私塾。稍长，随长兄周执中在杨家乡小学读高小（因哥哥周执中在该校作教员）。年轻的周振华同志，资质聪慧，勤奋好学，并喜欢文体活动，学校教师都很喜欢这个年轻学生。

在1929年前后，十四五岁的周振华在哥哥周执中的教育和引导下，经常随哥哥到各处农村去参加农协会议，听讲反帝、反封建及农民求解放的革命道理，并充当农协会的小交通员，经常替农协会传递信件。农协会负责人召开会议时，负责站岗、放哨的工作。特别是1929年下半年，在杨家乡农协会组织和发动的抗捐抗税斗争中，积极参加示威游行，表现得非常英勇。由于哥哥周执中被通缉，家属被监视，周振华不敢出面到内江县城里去投考学校，只好去投考邻县安岳中学。在读书期间，积极参加学校学生活动，靠近学校进步组织和进步教师，努力学习革命的理论和知识。

1931年"九一八"事变爆发，日本大举进攻我国东北，引起全国巨大的震动。周振华（改名周健民）怀着满腔的抗日热忱，远离家乡，去到上海，参加了上海青年自愿决死抗日救国团，激情豪迈地担负起抗日救国的组织和宣传工作。

1932年8月，周振华同哥哥周执中、同乡爱国青年闵乐山等随蒙边骑兵队出关到热河，于1933年2月初，迂回绕道，抵达开鲁抗日前线。当辽、吉、黑抗日民众后援会安排周振华去宣传队搞宣传工作后，鲁北专员朱天培来开鲁，请派调抗日宣传政工人员，并指名需周振华等人前去。2月7日晨，周振华同庄昆容、许中华三人随朱天培专员乘汽车去鲁北。汽车行经至白沙砣时，突遇不明部队开枪截击。朱天培专员和士兵开枪还击，汽车上的战士及时下车隐蔽，其中两人被当场打死，周振华在下车时不幸身中二弹，一弹射在左臀里，一弹从右肩进左肩出，因流血过多，遇难牺牲。同时遇难的还有一同前往负责政工宣传工作的庄昆容。事后查明行凶肇祸者，原是开鲁驻军骑兵九旅的日伪崔新五汉奸败类在此截杀抗日救国青年。抗日后援会将周振华、庄昆容二位同志的遗体运回，埋葬于丌鲁城西南义地，并用砖瓦砌丘垒土，召开追悼大会，举行了公祭。除此之外还将遇难详情及各界悼词披诸报端，给予抗日烈士应有的荣誉和抚恤。周振华同志在东北抗日遇难时年仅19岁。

问卷调查

杨家三英烈的知晓度

1. 制作问卷100份；
2. 进行问卷调查；
3. 统计问卷结果。

廖释惑

廖释惑

　　1895年农历九月十五日出生在内江城内一户铜匠家庭里，幼年时就读于廖氏南祠小学，后在城内一家糖食铺里当学徒。在大哥廖划平的引导下，利用空余时间继续学习文化知识，同时阅读了《新思潮》《星期日》等进步书刊。1922年秋，在泸州川南师范学校读书时加入了中国社会主义青年团（现中国共产主义青年团）。1923年回到内江从事团组织工作，1925年秋转为共产党员。1926年2月，中共内江县特别支部建立时，廖释惑负责宣传工作。1927年夏，赴武汉从事兵运工作。1929年1月，廖释惑从汉口经重庆回到内江，担任中共内江县委宣传委员。1929年秋，借经营"晓东书店"开展革命宣传工作。

傅宾旸

　　1905年出生于内江县白鹤乡一个贫苦家庭。11岁读私塾，几年后被迫辍学。1924年冬，参加黎灌英和谢独开在白鹤场举办的民团传习所（又叫青年自治会），并经黎灌英介绍，加入了中国社会主义青年团（现中国共产主义青年团）。1925年秋，由青年团员转为中共党员。1927年夏，受党的指示，离开内江到成都从事兵运工作。1928年7月，傅宾旸在参加"广汉兵变"后回到内江，并担负起了恢复建立中共内江县特别支部的工作。同年8月，中共内江临时县委成立，傅宾旸为委员。

黎光谦

黎光谦

　　又名黎用中。1895年农历八月出生于内江县蟠龙冲的一个农民家庭，4岁随父念书，1913年经人推荐，考上了资中联师，毕业后回内江教书。黎光谦为人正直，生活简朴，疼爱农家子弟，深受学生及家长欢迎，赞扬他是"穷苦人的先生"。1923年他结识了黎灌英、谢独开、廖释惑等人，在他们的影响和帮助下，阅读了一些进步刊物和马列主义书籍，接受了共产主义思想，开始投身革命。后经黎灌英介绍，加入中国共产党。

张继文

　　中共地下党员，24军3师4旅机枪连连长。1930年，县委在"左"倾路线的影响下，作出了"各级组织都要组织暴动"的决定，公开发表了《宣言》和《告农民书》，以县委的名义张贴标语，暴露了县委。同年6月，敌人对"晓东书店"进行搜查，并对廖释惑进行扣押。由于叛徒的出卖，傅宾旸、黎光谦和张继文相继被捕。

　　廖释惑、傅宾旸、黎光谦和张继文被捕后，县长何策襄亲自督阵审讯，软硬兼施，最后都枉费心机。1930年8月，廖释惑、傅宾旸、黎光谦和张继文在城西若虹桥，面对敌人的枪口，高呼"中国共产党万岁！中华苏维埃万岁！打倒军阀！……"最后壮烈牺牲。

甜城四烈士

巾帼先驱

1922年1月上旬，川南师范学校校长、我党早期领导人恽代英同志带领该校师生30人（其中4名女学生）组成"川南旅行讲演团"，步行至川南各县宣传讲演。同月17日到达内江，传播革命思想，进行反帝反封建和提倡男女平等的讲演，在内江人民心中留下了深刻的印象。

在五四运动的影响下，内江的进步妇女开始偷偷阅读进步书籍，随着《新青年》《向导》《新女性》等革命刊物的先后传入，部分女青年勇敢地冲破封建樊笼，走上社会探索救国救民真理。1922年，廖苏华在大哥廖划平进步思想的影响下，毅然放足剪发、抗婚出走，随兄到渝读书，成为四川早期女共产党员之一。

1923年4月，随着中国社会主义青年团（现中国共产主义青年团）内江地方团的成立，内江廖氏南祠学生发起成立了"誓不缠足女会"，提出了"誓不娶包脚女人"的口号。在团组织的领导下，他们走出校门，奔向街头，大力宣传放足、剪发的好处，号召广大受压迫的妇女勇敢地站起来解脱封建枷锁对妇女的束缚，并以"永福乡尤二姐新婚一月守寡一生"和更为悲惨的"熊雷氏订婚后未婚夫病故而守寡终身"的事实揭露封建婚姻的实质及危害，要求夫妻关系、父子关系、继承权和教育权等方面一律平等。这些宣传，声势大，震动大，深受妇女群众的欢迎，初步唤醒了妇女的独立意识。

1925年，内江县女子师范学校二班学生罗碧清的父亲爱财如命，强迫罗碧清嫁给一个小军阀为妾，罗碧清坚决不从，以死抗争。这件事激起了全校学生的义愤，在团组织的领导下，学校组织了近百余人与死者父亲进行说理斗争，在学生的强大压力下，罗碧清的父亲被迫在女儿灵前认错，同意厚葬女儿，并在马鞍山立下"香坟"，供人哀思。

叶庄伯的父亲叶敏斋，思想进步，反对封建礼教，主张男女平等。所以，叶庄伯姊妹三人不但不缠足、不穿耳，还蓄短发，穿男装，与男人一起参加社会活动。1926年3月，叶庄伯与中共内江县特别支部负责人黎灌英结婚，他们的结合，开了内江婚姻自由之先例。在婚前，黎灌英给叶庄伯去信，开导和鼓励她加强学习，走向社会，参加革命，并将《共产主义ABC》《中国青年》等进步书籍送给她。举行婚礼那天，他们不披红戴冠、不坐花轿、不拜天地。在婚礼上，主婚人、证婚人和新郎致辞、讲话后，新郎新娘手持鲜花，并肩携手，在亲朋好友的簇拥下，随着乐队，游行了内江西南二街。他们的婚礼轰动了内江县城，被传为佳话。

从1919年的五四运动到1949年中华人民共和国成立，在党的培养下，内江县先后有27名妇女加入了中国共产党。为了革命的彻底胜利，内江各界妇女做出了很多贡献，也做出了巨大的牺牲。事实证明，妇女是革命斗争中不可缺少的重要力量！

—— 节选自《中共内江县地方党史资料汇编1919—1949》

丁泽民

丁泽民，四川省内江县人，生于1914年10月，1933年6月参加中国工农红军，并参加了举世闻名的二万五千里长征。历经土地革命战争，先后任红四方面军卫生部卫生员，延安中央卫生部宣传员。抗日战争时期，历任延安白求恩卫生学校上士司务长，军区政治部管理员，延安中央党校一部通信员、警卫员，辽阳一分区政治工作部副科长，辽阳贸易局副科长。解放战争时期，任东北公安局管理员，独立三师卫生所副所长，二〇八师卫生部管理员。中华人民共和国成立后，任重炮二团管理员、重炮炮兵连管理员。1952年后，在内江县田家区供销合作社工作。1976年6月退休，1981年4月离休，1981年4月改办离休。1991年7月，丁泽民同志因病逝世，享年77岁。

石大观

石大观，原名石传道，生于1916年1月，山东省平阴县人。1937年7月参加革命，1938年8月加入中国共产党。石大观同志早在1934年中学时期就积极参加革命活动。抗日战争时期，担任范筑先纵队第十支队文书、政治工作指导员，平阴县旦镇区抗日委员会主任，平阴县武装科长，平阴县二区区长，平阴县政府秘书。解放战争时期，率200名青年参军，任晋察冀鲁豫野战军二纵四旅十团政治处宣教股长，二野二十八师民运科科长，十军政治部干部科副科长等职。参加了著名的鲁西南战役、豫西战役和淮海战役。1949年12月6日内江解放，石大观被任命为内江县人民政府首任县长，后任仁寿县县委书记，中共内江地委办公室主任、组织部长兼地委纪检委书记，内江地委副书记等职。1968年10月，石大观同志在"文化大革命"中被迫害致死，享年52岁。

陈顺清

　　陈顺清，四川资中县人，生于1906年9月，1935年12月参加中国工农红军，1937年10月加入中国共产党，参加了举世闻名的二万五千里长征。土地革命战争时期，任陕甘工农红军第二十八团战士、班长；1943年3月，在战斗中负伤后休养疗伤。解放战争时期，任第四大队十六分队排长。1948年7月任第四大队十六分队管理员，1949年10月任南京浦口检查站副站长，1950年7月任资中县金带乡乡长，次年4月任资中二区组织委员。革命战争年代，陈顺清同志参加了著名的淮海战役、渡江战役等，多次负伤，屡立战功。1960年退休。1999年7月，陈顺清同志因意外逝世，享年93岁。

胡文斌

　　胡文斌，四川省安岳县人，生于1916年1月，1935年2月参加中国工农红军，1936年2月加入中国共产党，参加了举世闻名的二万五千里长征。土地革命战争时期，先后担任红四方面军三十军、八路军一二九师七七〇团通信员、侦察员、警卫员。抗日战争时期，在河南大别山任侦察排长。解放战争时期，在华北军区军大学习，毕业后任十八兵团炮兵团十一连政治指导员。中华人民共和国成立后，历任高炮五团五连连长、军需股长、炮兵教导大队副队长，内江地区贸易公司副经理，内江县服务局局长，内江县商业局局长，内江县供销社监事会副主任等职。1977年8月离职休养。革命战争年代，胡文斌同志参加了包座战役、腊子口战役、临汾战役、太原战役等，多次负伤，屡立战功。2000年10月，胡文斌同志因病逝世，享年84岁。

游平

　　游平，女，化名叶子藤、刘玉贞等，重庆市永川人。生于1905年10月，1922年加入中国共产党。1927年大革命失败后，她组织女子"七人牺牲团"，自1929年起辗转汉、京、杭、沪寻找党组织。"九一八"事变后，在上海创办报刊和工人补习学校，加入"记联"，组织"反债同盟"，积极从事抗日救亡工作，传播马列主义，1934年11月被叛徒出卖入狱。此后长期在沪、京监狱与郭纲琳、钱英、夏芝栩等一起与国民党反动派作艰苦卓绝的斗争。1937年9月，经周恩来、叶剑英营救出狱，派赴延安，任"抗大"区队长。1939年起在周恩来的领导下，与罗世文等在成、渝地区从事党的地下工作和抗日救亡运动，历任中共四川省妇委支部书记、中国妇女抗日慰劳会成都分会主席等职。1949年1月赴内江、资中开展党的"迎解"统战策反工作，组织成立了"资安内人民协解会""资中县维持会"，为两地迎接解放做出了重大贡献。中华人民共和国成立后，她先后在川西妇联、法院和省文史馆工作，任省政协委员，1981年离休。1985年11月，游平同志因病逝世，享年80岁。

魏道富

　　魏道富，四川省内江县人，生于1917年5月，1933年2月参加中国工农红军，参加了举世闻名的二万五千里长征。土地革命战争时期，任红四方面军二〇二团特务连战士、炮兵旅二连副班长。抗日战争时期，先后任八路军一一五师副班长，警备四团班长，华北军区五十二团副排长。解放战争时期，先后任中原军区警备一旅三十五团排长，独立师一团、华北军区三十七旅一团副连长，六十一军直属辎重营连长。中华人民共和国成立后，先后任川北区南充公安队队长，川北行署公安大队一中队、公安总队直属一中队队长，资中县人武部副部长等职。1954年12月退休，1981年12月改办离休。革命战争年代，参加过平山、临汾以及攻打太原、解放大西南等重大战役，是中共内江市中区第七次代表大会代表。1995年12月，魏道富同志因病逝世，享年78岁。

钟伯勋

1888年7月出生，内江县人，在县中任教。1922年加入中国社会主义青年团（现中国共产主义青年团）。1923年任中国社会主义青年团内江地方团书记。大革命时期转为中共党员，大革命失败后脱党。1984年病故。

廖苏华

1905年8月出生于内江县城。1922年就读于省立第二女子师范校时即投身革命。1925年入团，1926年转为中共党员。是年受四川党组织委派赴广州参加了国民党第二次全国代表大会。1927年赴苏联中山大学学习。三年后留苏工作，1938年6月回到延安，从事党的教育工作。中华人民共和国成立后，她致力于妇女工作和党的纪检工作，先后任西南局妇委书记、省监察厅厅长、重庆市副市长等职。1984年9月5日因病逝世。

王一苇

出生于内江县石子乡。1925年加入共青团，1926年转为中共党员，同年进入妇女运动讲习所学习。后回重庆法院工作。1933年赴日本留学。1936年在中共东京留日特支领导下从事妇女工作。大学毕业后回上海参加抗日救亡工作。1965年去世。

谢碧芳

又名谢若英，内江县地下党第一位女书记。1913年3月生，内江县人。1938年入党，同年9月受党组织之令回内江任中共内江县特支书记。"兴华剧社"的组织者和领导者之一。继后做过川东、川南的妇运、学运工作。中华人民共和国成立后任重庆市妇联副主席，1956年调成都市任教育局长，1974年病逝。

邓可非

1906年2月出生于宜宾市，1926年加入中国共产党。1928年6月，受川南特委指派来内江清理党组织，后因敌人跟踪离开内江。

刘力生

1905年12月生于泸县。1926年加入中国共产党。1928年任中共内江临时县委书记。

唐爵廷

曾化名唐鑫、唐德，1899年1月生于内江县石子乡唐家冲。1926年3月加入中国共产党，任石子乡党支部书记，领导组织了该乡的农民斗争。1981年5月16日病故。

艾尔达 刘藩

艾尔达（左）与刘藩（右）于1941年1月在内江白马镇上合影。两人在抗战时期都曾任过中共内江县委书记。艾尔达，1918年4月生于内江县富溪乡，1938年加入中国共产党，1940年夏回内江负责地下党工作。刘藩，在艾尔达调离内江后，负责内江地下党工作。

谢长琮

1917年3月生于四川德阳，1938年加入中国共产党，1941年8月任中共内江县委书记，1942年调离内江。

课外拓展

1. 瞻仰内江市烈士陵园；
2. 小小讨论会：说说我的梦想；
3. 到英雄故乡寻访革命故事；
4. 宣讲英雄事迹；
5. 观看电视剧《壮士出川》；
6. 观看影片《渡江！渡江！》；
7. 制作革命题材手抄报；
8. 阅读丁玲的小说《在黑暗中》；
9. 学唱《娘子军连歌》《英雄赞歌》《游击队之歌》等歌曲；
10. 查阅红军二万五千里长征史料。

第三篇

缅怀先烈

　　从五四运动至内江解放，甜城儿女在中国共产党的领导下，义无反顾地投入到反帝反封建、抗日救亡和争取民族解放一系列革命斗争中。在坎坷的革命历史进程里，无数先辈及革命烈士青史留名，永垂千古，中华儿女将世世代代缅怀他们！

第一节 人民英雄纪念碑

简介

　　人民英雄纪念碑位于北京天安门广场中心。

　　1949年9月30日，中国人民政治协商会议第一届全体会议决定，为了纪念在人民解放战争和人民革命中牺牲的人民英雄，在首都北京建立人民英雄纪念碑。当天下午6时，出席中国人民政治协商会议的全体代表，在天安门前广场上举行了建立纪念碑的奠基典礼。以毛主席为首的政协各单位首席代表一一执锹挖土，奠下纪念碑的基石。后经全国广泛讨论，确定碑型。

　　到1952年，全国优秀的建筑师和专家们共设计了一百多种图案，经有关方面通过各种方式征求各界人民的意见，归纳、修正成最后的图样。

　　1958年4月22日，人民英雄纪念碑落成。

　　1961年，人民英雄纪念碑被中华人民共和国国务院公布为第一批全国重点文物保护单位之一。

碑文

正面：

人民英雄永垂不朽！
　　　　　　　　——毛泽东

背面：
三年以来，在人民解放战争和人民革命中牺牲的人民英雄们永垂不朽！
三十年以来，在人民解放战争和人民革命中牺牲的人民英雄们永垂不朽！
由此上溯到一千八百四十年，从那时起，为了反对内外敌人，争取民族独立和人民自由幸福，在历次斗争中牺牲的人民英雄们永垂不朽！
　　　　　　　　——毛泽东主席起草、周恩来总理题写

浮雕

　　从碑身东面起，按着历史顺序瞻仰。第一幅浮雕是"销毁鸦片烟"，描述了鸦片战争前夕，1839年6月3日，群众在虎门销毁鸦片的事迹。浮雕上，愤怒的群众正在把一箱箱毒害中国人民的鸦片运到海边，倾倒在放有石灰的窖坑里销毁，一股股浓烟从石灰池上升起。人群后面，有炮台和千百艘待发的战船，准备随时还击英帝国主义的挑衅。画面上人物的形象，表现出中国人民反抗帝国主义的坚定决心。

　　东面的第二幅浮雕，描写的是1851年太平天国的"金田起义"。太平天国运动拉开了中国民主主义革命的序幕，它提出政治、经济、民族、男女四大平等的口号，严重地动摇了清朝封建统治的基础。在这幅浮雕上，一群拿着大刀、梭镖、锄头，扛着土炮起义的中华儿女，正从山坡上冲下来，革命的旌旗迎风飘扬。

　　往南转到碑身的后面，看到的是1911年辛亥革命"武昌起义"的庄严画面。深夜，起义的新军和市民，摧毁了湖广总督府门前的大炮，正向总督府里冲去。总督府内熊熊的火焰冒向天空；总督府的牌子，被打断在阶前；撕碎了的清朝的龙旗，被践踏在地上。辛亥革命，结束了两千多年来的封建帝制。

　　接下来的一幅是"五四爱国运动"。这是中国民主革命由旧民主主义革命转变为新民主主义革命的转折点。浮雕的画面显示的是学生们齐集天安门前举行爱国示威游行的情景。一群男女青年学生，举着"废除卖国密约"的旗帜，慷慨激昂地来到天安门前。梳着髻子、穿着长裙的女学生，在向市民们散发传单。人群高处，一个男学生正在向围着他的群众演说。愤激的青年演说者，怒形于色的人群，使整个浮雕充满了痛恨卖国贼、激动人心的气氛。

　　南面的第三幅是"五卅运动"。1925年5月30日，上海群众一万多人在南京路上举行反帝国主义大示威，英国巡捕向徒手群众开枪射击，死伤多人。"五卅惨案"引起了全上海以至全国人民的极大愤慨，促使全国范围的大革命风暴的爆发。这幅浮雕表现出由工人阶级领导的各界人民坚强不屈地同帝国主义斗争的情景。画面上成千上万的工人、学生、市民举着"打倒帝国主义"的小旗，冲破英国巡捕的沙袋、铁丝网英勇地前进；商店关门罢市，戴着礼帽的商人也加入了斗争的行列；被打伤的工人，在战友们的搀扶下，继续勇往直前。人群后面，隐约看到外滩的海关和银行大楼。

　　碑身的西面，第一幅是"八一南昌起义"的浮雕。画面从一个连队的角度来表现这一伟大起义的情景。1927年8月1日早晨，一个指挥员挥着左手向战士们宣布起义，士兵们举着起义的信号——马灯，光辉的红旗举起来了，战马在呼啸，劳动人民在帮助搬运子弹，战士们激昂地高呼着。南昌起义，打响了武装反抗国民党反动派的第一枪，展开了以革命武装反对反革命武装的斗争。

　　紧接着的一幅是"抗日敌后游击战"。浮雕上显现出抗日战争时期太行山区敌后游击战的场面。远远望去，在一座雄伟峻峭的半山腰里，游击队员们正穿过高大的树林和茂密的青纱帐，去和敌人战斗。画面上，青年男女农民拿着铁铲，背着土制地雷；白发的母亲送枪给儿子，去打击日本侵略者；年轻小伙子站在指挥员身旁，等候命令，准备随时投入消灭敌人的战斗。

　　最后来到碑身的正面，看到解放战争时期人民解放军百万雄师"胜利渡长江，解放全中国"的浮雕，这是十幅浮雕中最大的一幅。国民党认为不能逾越的天堑长江，被英勇无敌的人民解放军胜利地渡过了。浮雕上，号兵吹起冲锋号；指挥员右手高举，连连向高空发射信号弹；已登上敌岸的战士，踏着反动派的旗子，向国民党反动统治的老巢——南京城冲去；后面数不清的战船正在波涛中前进。

　　在这幅浮雕的两旁，是两块装饰性的浮雕。左边，是渡江前夕，工人抬担架、农民运军粮、妇女送军鞋等热烈支援前线的场面。右边的一块，表现全国各阶层人民举着红旗和鲜花，捧着水果，欢迎解放军、慰劳解放军的情景。

内江市革命烈士陵园

内江市革命烈士陵园位于内江市中区靖民镇光荣水库旁。

内江市革命烈士陵园由内江市人民政府于1992年在内江市东兴区靖民镇（今内江市中区靖民镇）兴建。陵园占地27 000平方米，毗邻水库，依山傍水，风景秀丽，园内树木繁盛，亭阁错落。陵园山上最高处建有革命烈士纪念碑，纪念碑上书"革命先烈永垂不朽"8个金色大字。烈士墓穴由黑色花岗石制成，依山势整齐排列。现有烈士墓24冢，老红军墓44冢。陵园内安葬的著名烈士有：原中共四川省委书记廖恩波烈士，内江革命运动的先驱、中共内江县党组织的早期领导人黎灌英烈士，参加南昌起义时任教导团团长的谢独开烈士等。

1995年，内江市革命烈士陵园被四川省委、省人民政府命名为省级爱国主义教育基地。内江市革命烈士陵园自修建以来，每年接待祭奠和扫墓人数4～5万人。

廖恩波，1901年出生于内江椑木镇元子山。幼年时在白马庙私塾念书，1912年进县城南街小学念书，1917年考入内江中学。1919年五四运动爆发的消息传到内江，随着《新青年》《每周评论》刊物的传入，廖恩波开始渐渐地接受新思想，积极参加内江的学生爱国运动。

1922年夏，廖恩波考入四川省立工业机械专业学校，不久，结识了王右木、吴玉章等一批早期革命家。在他们的教育和影响下，廖恩波参加了王右木组织的"马克思主义读书会"，加入了中国社会主义青年团（现中国共产主义青年团）。此后，他在寒假回内江时，和廖划平等一起组织"读书会"，吸收一些有志青年参加，并把"读书会"的优秀成员及时发展为中国社会主义青年团团员，建立了中国社会主义青年团内江地方组织。1924年秋，为了申援内江的反"三九"斗争，廖恩波利用"内江旅省同学会"会刊《不平鸣》，撰文揭露和控诉"三九"贪赃枉法、鱼肉乡民、欺压百姓的罪行，有力地支援了内江人民的斗争。1926年年初，经过实际斗争锻炼考验的廖恩波，由团转党。同年，廖恩波从省立工业机械专业学校毕业，被党组织派往自贡，协助刘远祥在盐场工人中开展工作，燃起了工人运动的革命烈火。

1930年8月，廖恩波去广汉，担任前敌委员会书记。1931年10月，奉中央指示，离开四川，前往江西中央苏区，留在中央机关工作。1934年8月，中央以赣南干部为中心，成立了中共赣南省委和赣南军区，廖恩波任赣南省军区政治部秘书，坚持在赣南地区进行游击斗争。1935年1月，国民党调集一批兵力，妄图在一个月内荡平在江西的游击队。由于敌我力量悬殊，留在中央苏区的中央分局被敌军团团围住，我军只能化整为零，分散突围。3月4日，廖恩波率领赣南省委党政军机关人员和一部分地方武装力量，突围到信丰、大庚境内的马岭附近时，遭到五倍于我军的国民党粤军阻击。在这危急关头，廖恩波以身作则，率领大家奋勇杀敌，打退了敌人一次次围攻，冲出了重围。第二天，部队到信丰、会昌交界处，又遭余汉谋部重重包围，终因寡不敌众，廖恩波等5人不幸被捕。1935年3月21日，敌人以"危害民国，扰乱治安"罪，对廖恩波等五位革命志士执行死刑。

双才烈士墓

双才烈士墓位于东兴区东北14公里，内安公路的路旁，双才镇的东头。

1950年2月4日，第五区征粮工作队和解放军战士60多人在区公所开会研究征粮工作，匪首刘建邦率匪徒1000余人，包围了第五区区公所，解放军战士和征粮工作队员在副区长郭双才和区委书记张新会的率领下，进

行了顽强的抵抗。战斗从上午10时开始，战士和工作队员组织了多次突围，均未成功，直到傍晚，土匪在久攻不下的情况下，用浇上煤油的柴草引燃房屋，在此危急情况下，张新会与郭双才商议后再次组织突围。此次突围，伤亡较大，副区长郭双才不幸牺牲，剩下的战士和工作队员不得不退守区公所，最后在弹尽援绝的情况下，区公所被土匪占领。

在这次战斗中除区委书记张新会等部分人突围成功外，副区长郭双才等14人壮烈牺牲，其余48人不幸被捕，其中11人被匪徒杀害。

1950年7月，为了缅怀先烈，寄托哀思，内江县、乡人民政府将在此次战斗中牺牲的烈士和散葬在贾家乡、来凤乡、江家石坝、六烈村等地的烈士遗体重新备棺入殡，集中丛葬于此。双才烈士墓中，共有28位烈士。

内江县人民政府于1966年、1978年对双才烈士墓进行培修、增建，并立烈士纪念碑，修建纪念坊。

1989年10月，双才烈士墓被内江市人民政府批准为市级文物保护单位，作为县级爱国主义教育基地。至今，烈士墓保护完好。

郭双才，男，1916年出生于山东省武城县。1944年6月加入县人民武装部队，在豫鲁地区参加抗日战争。抗战胜利后，随军挺进太行山，参加过淮海战役、渡江战役等。在部队加入了中国共产党。先后任29师排长、师供给部组长。1949年进军大西南时入川到内江县，1950年1月被分配到内江县第五区人民政府任副区长。2月4日晨，匪首刘建邦、刘海东纠集千余土匪，武装围攻区公所(黄连铺也叫便民场，今双才镇)。郭双才在组织工作队突围时中弹牺牲，时年34岁。便民场因此更名为双才镇。

巫萍，女，1917年2月7日出生于江苏省南通县兴东乡。南通女子师范学校毕业后，自己作教员，以家里房屋作教室，向学生讲抗日革命道理。"八一三"事变后，家乡被日军侵占，其被迫离家去张芝山小学、兴仁小学任教。1946年5月，在解放区加入革命队伍，在如东县本义区工作。1946年12月，进入华中公学二大队学习，后任医务员。1949年4月渡江战役胜利后，随学校师生参加西南服务团。1949年7月加入中国共产党。进军大西南时，担任大队医务所负责人。1949年12月，随军到达内江，被安排在县委组织部工作，后被县委分配到第五区担任松柏乡征粮工作队组长。1950年2月4日晨，便民场发生土匪暴乱，正在区公所里开会的巫萍与征粮队员们英勇抗击土匪的围攻。最后，因敌强我弱，巫萍等40余名工作队队员被俘关押。6月，被土匪打得遍体鳞伤的巫萍在押送至贾家乡的途中，欲跳岩脱身，被土匪的枪弹击中，当场牺牲，时年33岁。

高梁烈士墓

　　高梁烈士墓位于内江市东兴区高梁镇场镇所在地。

　　1949年12月，中华人民共和国成立之初，革命烈士邵晓堂等13位同志，在征粮剿匪战斗中，不畏强暴，不怕艰险，英勇顽强，壮烈牺牲。

　　1967年3月，县、乡两级人民政府为缅怀先烈，将13位烈士遗体新棺入殓，分棺丛葬于此，并将此墓命名为"高梁烈士墓"。1987年夏，李夏平在部队军事比武中，为营救战友壮烈牺牲，遗体新棺入殓，分棺葬于此。该墓于2007年改建，2012年全面整修。

　　14位英烈，为国捐躯，精神永存，音容在兹。既成仁又成功，雄风震汉安，处处美德昭黎庶，是国殇亦国严，浩气壮中华，年年圣地祭忠魂！

　　1989年10月，高梁烈士墓被内江市人民政府批准为市级文物保护单位，作为县级爱国主义教育基地。

　　邵晓堂，男，1925年出生于安徽省南瞳县。1949年5月考入二野军政大学。进军大西南时，被编入军大三团三营九连，到达内江后，邵晓堂转业分配在内江县第四区（今高梁镇）工作。1950年1月31日，匪首刘海东纠集数千名匪徒进行武装暴乱。当时，邵晓堂与地干班学员刘安远正在八保催征公粮，与土匪早有勾结的八保保长肖坤启在离肖家不远的漫水垭口设下埋伏，拦截要返回区公所的邵晓堂和刘安远。邵、刘二人走到漫水垭口时，发现问题，转身跑进了一老百姓家里躲避。土匪追来，以烧茅草房做威胁，邵晓堂为了老百姓的财产和生命安全，把个人安危置之度外，挺身而出，怒斥暴匪的反革命罪行。一名匪徒在肖坤启的示意下，扣动了步枪的扳机，邵晓堂献出了年轻的生命，时年25岁。

顺河烈士墓

顺河烈士墓位于东兴区东面27公里的观音滩。

顺河烈士墓改建于1966年，1981年增建墓垣和纪念碑。墓垣面积约1 300平方米。垣内，根据岩鹰坡地势，分高、中、底三级布置：最高一级土台，一字并排烈士遗棺，连成墓丛，墓内均以水泥凝固，各墓室垒成拱形。墓丛的正面，横砌石栏杆，长约66米，栏杆外，正中树立烈士纪念碑，高近21米。烈士纪念碑的碑台上为草坪。

顺河烈士墓安放了17位烈士。他们是1950年1月到顺河开展征粮工作的队员。2月4日，匪首黄天相、谢光普率领1000余匪徒攻打第二区人民政府（观音滩）。在此指导征粮工作的县委组织部部长张良桐、征粮工作队队员和警卫班战士共60多人在区政府被土匪包围。战斗开始后，土匪企图从区公所大门、侧门破门而入，均多次被战士和工作队员击退。匪徒一面用火力封锁两门，一面放火围烧区公所。张良桐立即组织大家突围。在突围中，罗吉仁、吴德光两人不幸中弹牺牲，张良桐身受七处重伤。这时，张良桐果断命令大家隐蔽转移，自己作掩护。通信员小高为了保护首长，仍坚持留在张良桐身边。天黑后，在区长张金堂的带领下大部分同志突围成功。次日晨，张良桐向再次围攻上来的土匪喊话，晓以党的方针政策，但土匪冲进张良桐所在的小屋直接开枪，致使这位久经战场的指挥员壮烈牺牲。小高弹尽被俘，旋即被匪徒绑架到凤兴寺枪杀。

顺河烈士墓，安放着在这次战斗中牺牲的中共内江县委组织部部长张良桐、第三区副区长李明、解放军某部副连长耿富祥，以及黎庆元、吴德光、罗吉仁等17位烈士。

1989年10月，顺河烈士墓被内江市人民政府批准为市级文物保护单位，作为县级爱国主义教育基地。

张良桐，男，1919年生于山东省新泰县马庄后村。1937年抗日战争爆发后，参加了中国共产党领导的抗日活动。1938年加入中国共产党，任村党支部委员。1941年参军。1945年抗战胜利，奉命北上，任黑龙江青岗县县委委员、组织部长。1949年夏，随解放军进军大西南，任西南服务团川南支队五大队二分队队长，12月底到达内江，任中共内江县委组织部长，负责地干班的培训工作。1950年1月14日，奉命带领地干班学员在第二区（观音滩，现顺河镇）开展征粮宣传工作。2月4日晨，匪首黄天相、谢光普聚集匪徒上千人包围攻打区公所。11时左右，土匪纵火焚烧区政府粮仓，张良桐带领大家突围。在突围战中，张良桐被土匪一枪击中腹部，他负伤后继续指挥战斗，并催促同志们转移。5日晨，匪首黄天相窜入观右乡公所搜寻时发现张良桐等负伤的同志，黄天相当众命令土匪将张良桐杀害。张良桐遇害时年仅31岁。

银山革命烈士陵园

　　银山革命烈士陵园位于资中县银山镇石田村一社。

　　1949年12月7日，在资中县金紫山战斗中，2名班干部和2名战士不幸牺牲，英勇牺牲的解放军官兵被安葬在资中县银山革命烈士陵园。1990年5月4日，银山革命烈士陵园被资中县人民政府批准为资中县建筑物重点保护单位，并立碑公布。该烈士陵园隶属资中县民政局，是县级文物保护单位，至今保存完好。

陈家场烈士墓

　　陈家场烈士墓位于资中县陈家场镇。

　　1949年12月，资中解放不久，为了彻底摧毁国民党的武装残余势力，中国人民解放军第29师85团机枪连3排，配合征粮工作队进入陈家场，开展征粮剿匪工作。陈家场是资中的偏远地区，距离县城30多公里，位于资中、威远、内江三个县的交界处。陈家、宋家、陈盘三个乡的政治形势复杂，土匪盘踞，危害老百姓。在征粮工作开始时，国民党残余势力和各种反动分子勾结，组织成立土匪武装破坏征粮工作。1950年2月7日，在陈家场剿匪战斗中，20多名同志英勇牺牲，鲜血染红了陈家场的土地。这20多名同志，只有7名留下了姓名，其余烈士连姓名都没有留下。1988年，内江市人民政府批准陈家场烈士墓为重点文物保护单位。2006年3月，陈家场烈士墓被资中县人民政府批准为县级爱国主义教育基地。

太平镇革命烈士陵园

　　太平镇革命烈士陵园位于资中县太平镇上场口。

　　陵园葬有参加征粮剿匪工作牺牲的张泉烈士，中国人民解放军第10军85团3营8连战士，保护征粮工作队转移时被土匪活埋的中国人民解放军某部班长和3位战士，在北京因公牺牲的中国人民解放军国防科委司令部管理处张国候烈士。

　　2006年3月，太平镇革命烈士陵园被资中县人民政府批准为县级爱国主义教育基地。

张涤痴烈士墓

　　张涤痴烈士墓位于威远县新店镇永红村十二组。

　　张涤痴（1885—1930），又名张渺，威远县永民乡人，毕业于四川陆军测绘学校。1925年入广东农民运动讲习所学习，1926年经恽代英介绍加入中国共产党。1927年受党组织安排回到威远，在县内以周绍基、傅品三两家为联络点开展革命活动，先后建立起农协会、青年益名社、妇联会、店员工会、船员工会等党的外围组织，积极发展党员，壮大革命力量。1928年经中共四川省委批准，成立中共威远县委，张涤痴任县委书记，领导开展抗租抗捐斗争。1929年2月，二十四军军部派员到威远坐镇收款，以"抗交军粮"罪名逮捕张涤痴，激起民愤，各界人士上千人举行示威游行，省参议员胡素民出面调停，县知事公署被迫答应张涤痴提出的取消粮税的要求，并释放张涤痴，抗捐斗争取得胜利。1930年7月，张涤痴策划"荣威暴动"，因泄密被捕，10月5日上午被国民党枪杀于荣县，牺牲时45岁。

　　1983年6月30日，张涤痴烈士墓被威远县人民政府批准为县级文物保护单位。

傅品三烈士墓

　　傅品三烈士墓位于威远县庆卫镇跳石河村。

　　傅品三（1900—1930），又名傅品章，威远县同胜乡人。1927年加入威远县农民协会，1928年加入中国共产党，担任中共镇西区委及农协会负责人，领导发动农户加入农协会，打行罢市，惩罚奸商，反对加租加佃，抗交苛捐杂税等。1929年被国民党政府镇西区联防队逮捕，虽被严刑拷打，但毫不动摇。1930年，中共威远县党组织和农协会决定在元宵节晚营救他，因泄密该行动失败。2月13日，傅品三被提前枪杀在县城北门外，年仅30岁。后人为纪念傅品三烈士而为他修建了傅品三烈士墓。

　　傅品三烈士墓坐北朝南，冢为石砌梯形，前底3.9米，高4.4米，三开仿木庑殿顶造型，前有石碑，墓前有100平方米的混凝土坝，四周为耕地。1983年6月，傅品三烈士墓被威远县人民政府批准为县级文物保护单位。2005年，庆卫镇修复，将原碑嵌入。

胡驭垓烈士墓塔

　　胡驭垓烈士墓塔位于威远县严陵镇东一公里处的东堡山上，墓园总占地353.21平方米。1921年8月，威远县知事公署迫于人民的强烈要求，集资修建，并将烈士遗骸移葬其下。1983年，威远县人民政府拨款整修胡驭垓烈士墓。

　　胡驭垓（1883—1911），又名良辅，字驭垓，威远县界牌场人。1907年春加入同盟会，后回威远，在县高等小学堂任教，向学生灌输革命思想，主张实业救国、男女平等。鼓励妻子陈凤章赴成都求学，被当局不容。1908年秋，胡驭垓与同盟会会员在成都密谋起义，因泄密失败，去到嘉定（今乐山）、叙州（今宜宾）等地。1911年，胡驭垓回威远，建立保路同志军，参与攻打成都，任东路军行军参谋。9月28日攻下荣县，在全省首先宣布独立。接着东路军转战仁寿、井研、犍为、自流井等地。此后胡驭垓奉命回威远，会同威远县杨绍南等领导的同志军于1911年11月1日攻克县城，宣布威远独立，成立军政府，共推原团练局局长董伯和为军政长，胡驭垓为副军政长。11月6日至7日，胡驭垓率同志军一万余人与清巡防军在界牌场等地展开威井战役，此战役为四川保路抗清三大战役之一。在县城清兵压境之际，军政长董伯和等人暗通敌方，于11月11日半夜，闯入县立高等小学，绑架熟睡中的胡驭垓，拘于城东杜康庙内。随后将胡驭垓杀害于县城南华宫门外，遇害时年仅28岁。

　　墓塔坐东北向西南，塔基呈正方形，左右两边有垂带式踏道八级，两级塔身为正四边形。第一层塔身四面嵌碑文，记有烈士传略等内容；第二层塔身正面楷书"胡驭垓烈士墓塔"七字。2007年6月，四川省人民政府批准其为四川省文物保护单位。

课外拓展
1. 瞻仰烈士墓，并在烈士墓前宣誓；
2. 学唱歌曲《五月的鲜花》；
3. 主题班会：做红色传人；
4. 制作烈士事迹黑板报；
5. 宣讲先烈英雄故事。

第四篇

革命遗址

第一节 国内遗址

永远的红船

1921年，中国共产党诞生，南湖也因此成为光荣的革命纪念地，载入了革命史册。

1921年7月，中共一大在上海秘密举行。

7月30日晚，因突遭法国巡捕搜查，被迫休会。8月2日上午，一大代表毛泽东、董必武、陈潭秋、王尽美、邓恩铭、李达、张国焘、刘仁静、包惠僧等，由李达夫人王会悟作向导，从上海乘火车转移到嘉兴，在南湖的一艘画舫上完成了大会议程，会议通过了《中国共产党纲领》《关于当前实际工作的决议》，选举产生了中央领导机构，庄严宣告了中国共产党的诞生。

面对满天风雨阴霾，会议闭幕时他们轻呼出时代的强音：共产党万岁！世界劳工万岁！第三国际万岁！共产主义万岁！

一湖烟波无声，有幸见证阴霾中"开天辟地大事变"。这艘画舫因而获得了一个永载中国革命史册的名字——红船，成为中国革命源头的象征。

红船是中国共产党的母亲船。红船精神是教育当代中国共产党人的无价瑰宝，红船已先后接受2 200多万人次的瞻仰。世上再没有第二艘船，能像它一样享有如此尊誉。

红船所代表和昭示的是时代高度，是发展方向，是奋进明灯，是铸就在中华儿女心中的永不褪色的精神丰碑。

井冈山

　　井冈山革命遗址位于江西、湖南两省相交接的地方，罗霄山脉中段，平均海拔1 000米，山势雄伟险峻。

　　井冈山革命遗址包括9处：三湾改编旧址，古城会议旧址，茅坪革命旧址，大井毛泽东旧居，茨坪革命旧址，砻市会师旧址，永新湘赣边界特委、红四军军委和永新县委联席会议会址，黄洋界哨口和柏路会议旧址。旧址建筑多为砖木结构的祠堂、书院、店铺或民房。

　　茅坪在宁冈县城砻市东南16公里处，四面群山环抱，曾一度是湘赣边界党政军的大本营。革命旧址包括中共湘赣边界第一次代表大会旧址，毛泽东旧居，红四军士兵委员会、中共井冈山前敌委员会和湘赣边界工农兵政府等旧址。湘赣边界党的一大会址原为谢氏慎公祠，建于清末，砖木结构。毛泽东旧居为砖木结构二层楼房，有1个小厅堂，10间小房，楼上开有八角形天窗，故又称"八角楼"。中共井冈山前敌委员会旧址原为攀龙书院，始建于1867年，是一栋三层楼阁式的建筑，砖木结构，内有一个楼阁，两个天井，前后两厅和十四间房，面积664平方米，一、二楼为红军医院，三楼为前敌委办公室。工农兵政府旧址为一座民宅，一厅七房，一个天井，面积 246 平方米，各部委均在此办公。

　　茨坪旧址包括毛泽东旧居、红四军军部（含朱德旧居 ）、中共湘赣边界特委、红四军军官教导队、军械处、新遂边陲特别区公卖处等。建筑均为青瓦土木结构的民房或店铺。茨坪周围的天险要隘五大哨口，当年均修筑有防御阵地、瞭望哨、营房等建筑，黄洋界哨口是其中最重要的一个，1928年8月，著名的黄洋界保卫战即在此进行。

　　砻市会师旧址包括毛泽东、朱德会见旧址和红四军建军广场。原为"龙江书院"，建于清道光年间，是湘赣边界宁冈、酃县（今炎陵县）、茶陵三县的最高学府。建筑分三进，中间有天井，两边有厢房。后进是三层楼房，名文星阁，毛泽东曾在此举办过军官教导队。1928年4月28日，毛泽东和朱德在文星阁第一次会见，商量两军会合后的一些重大问题。广场在龙江河畔，面积约 0.5平方千米。

　　1929年2月，大部分旧址遭到破坏。中华人民共和国成立后，自1960年开始，逐步对旧址进行维修和按原貌复原，并在几个重要地区建立纪念碑、纪念亭，修建烈士墓等。1958年建立井冈山革命博物馆，使井冈山革命斗争的历史得到了再现。

第二节 内江遗址

李家花园

中共资中特支成立大会会址及联络点旧址——李家花园，位于资中县城桥北西路。

李家花园修建于清代宣统年间，花园的主楼坐北朝南，面江背山，为一楼一底的四合院建筑，房屋30余间，建筑面积近2000平方米，占地面积约2600平方米。原主人是李继尧，1871年出生，曾任知县、资州直隶州（相当于今省辖市）商会会长、资州城防军统带等职。李家花园主楼不仅是一座豪华漂亮的西式洋楼，也是中国共产党资中党组织的诞生地，资中革命的摇篮，红色阵地。1928年2月，中共党员刘成辉在资中建立中共党组织的通信处，同年秋，刘谋澄回到资中建立资中特支，并把李家花园作为资中特支成立大会会址和联络点。

资中女子中学

中共资中特支遗址——资中女子中学，位于资中县大东街。

资中女子中学是内江范围内最早建立的女子中学，颇受当局的"重视"，不少权贵都争先将自己的亲信安插在该校。尽管当局采取各种手段抑制师生们的革命活动，但在中共资中地下党组织的带领下，资中女子中学的师生员工仍积极参加革命斗争，尤其是在革命力量与反动势力争夺青年的斗争中，狠狠打击了反动势力的气焰，锻炼培养了一大批优秀人才。

云顶寨

  中共武汉市委代理书记郭士杰成长地和中共云顶小组活动地——云顶寨，位于大巴山余脉的云顶山脉中段，隆昌县云顶镇云丰村二组。

  郭士杰，1906年出生于云顶寨内新亮山房，并在云顶寨度过了他的青少年时代。1922年，郭士杰走出云顶寨，随堂兄郭坚白到安庆读书。1925年加入中国共产党，历任中共安庆师范党支部书记，安庆地委书记，安徽省临时委员会委员，湖北省委委员，鄂东北和鄂东南边区特委书记，武汉市委常委、代理书记等职。1930年10月，被军阀夏斗寅杀害，时年24岁。1951年1月30日，隆昌县人民政府追认他为革命烈士。

  1942年7月，中国内江县委书记王任远（即张永年）转移到云顶寨亲戚家隐蔽。1949年3月中共荣县中心县委书记席明真（即席定侯）到云顶寨检查党的工作。同年8月，成立了中共云顶小组，隶属中共江安中心县委泸县三岩脑工作组领导，11月划归隆昌临时县委领导。在党的领导下，云顶党小组开展了一系列的革命活动。

金紫山战场遗址

  金紫山战场遗址位于资中县银山镇金紫铺和铜锣村三、九社东面，冈石村四、五社西面交界处，面对321国道。

  1949年12月7日，解放军第二野战军第三兵团三营两个连的战士，在资中县银山镇的金紫山，与国民党胡宗南集团27军31师警戒部队两个营的溃军打了一场遭遇战。在这场战斗中，人民解放军八连连长张学华、副排长李治民、2名班干部以及12名战士负伤，2名班干部和2名战士不幸牺牲，共计伤亡20人。金紫山战斗是解放军在进军西南、解放西南的伟大历史进程中，在资中县境内进行的唯一一次战斗。1949年12月8日，中国人民解放军进入古老的资中县城，宣告资中胜利解放。

龙市民众教育馆

　　夏风学会活动旧址——龙市民众教育馆，位于隆昌县龙市镇复生公园内。

　　1948年7月，新民主主义青年社成员薛运怀在龙市组织成立了夏风学会。夏风学会成立后，秘密组织夏风学会成员以及进步青年教师在民众教育馆阅读进步书刊，开展学习讨论，宣传进步思想。1949年6月，中共隆昌县临时工作委员会（简称"临工委"）批准薛运怀加入中国共产党，此后，夏风学会在"临工委"的领导下，秘密学习了《目前的形势与我们的任务》和《中国共产党章程》等文件，增强了大家的革命信心，激发了斗志，使部分成员后来走上了革命道路。

罗世文史料陈列馆

　　罗世文史料陈列馆位于威远县严陵镇东风村，于1994年建成，占地约3300平方米，耗资25万余元，陈列了与罗世文烈士有关的族谱、文件包、照片、文件、手稿等。1994年被内江市委、市政府命名为内江市爱国主义教育基地。1998年5月，被四川省委、省政府命名为省级爱国主义教育基地。

　　罗世文（1904　1946）出生于威远县向义镇解放村罗家湾。1923年在重庆加入中国社会主义青年团（现中国共产主义青年团），先后担任重庆团地委宣传部部长、学委书记等职。1925年加入中国共产党，并被选送到莫斯科东方劳动者大学学习。1928年回国后，历任中共四川省临时省委宣传部秘书、宣传部主任、四川行动委员会委员（兼宣传部主任）、四川省军委书记、四川省委书记等职。1939年3月18日，罗世文乔装打扮去《新华日报》社成都推销处处理有关事务，被预先埋伏好的军统特务抓捕，最后关押在重庆渣滓洞。1945年，国共谈判期间，毛泽东、周恩来向蒋介石提出释放叶挺、廖承志、罗世文、车耀先等人的要求，最终失败。1946年8月18日，罗世文、车耀先在重庆歌乐山松林坡英勇就义。中华人民共和国成立后，四川省人民政府隆重地将罗世文、车耀先的遗骨重新安葬在重庆歌乐山松林坡，周恩来亲自为烈士题写了墓碑。

新店革命烈士纪念碑

　　新店革命烈士纪念碑位于威远县新店镇新和村，西距新店镇街道约五百米，纪念碑四周为绿化树林。

　　新店人民具有光荣的革命传统，有不少先烈为革命事业英勇牺牲。他们用鲜血和生命在中国革命史上写下了可歌可泣的篇章，既为祖国建功，又给家乡增荣，虽死犹生，名垂千古！

　　1989年12月，威远县人民政府建立革命烈士纪念碑一座，以缅怀先烈，铭记事迹，激励后人。新店革命烈士纪念碑建筑占地面积800平方米，坐东向西，高十二米，由三节四方体构成。新店革命烈士纪念碑碑文记载了351位烈士。碑文着重介绍了早期四川省委书记罗世文、威远县委书记张涤痴和抗震英雄、空军第三大队少尉飞行员袁芳炳烈士的生平事迹。

喻培伦大将军纪念馆（碑）

　　喻培伦大将军纪念馆（碑）位于内江市中区公园街市人民公园内。

　　1911年农历3月29日，内江县人喻培伦参加广州起义，不幸被捕遇难。1912年，临时大总统孙中山追赠喻培伦为"大将军"，位列"黄花岗七十二烈士"之首。1930年，内江县政府在内江县城南街（今中央路）建大将军专祠。1981年10月，在纪念辛亥革命70周年之际，内江市人民政府在市人民公园修建"喻培伦大将军纪念碑"。纪念碑坐北朝南，长方形汉白玉制作，通高3.3米，碑高2.2米，宽1.2米，厚0.38米。座为水磨石面须弥座，长1.9米，宽1米，高1.07米。"辛亥广州起义死于黄花岗烈士喻培伦大将军纪念碑"22个大字由著名书法家余中英题写，字径0.25米。碑前花坛20米处的石壁上，刻有孙中山题写的"浩气长存，孙文民国十二年"字样。

　　1982年，内江市人民政府公布"喻培伦大将军纪念碑"为市级（县级）文物保护单位。1985年

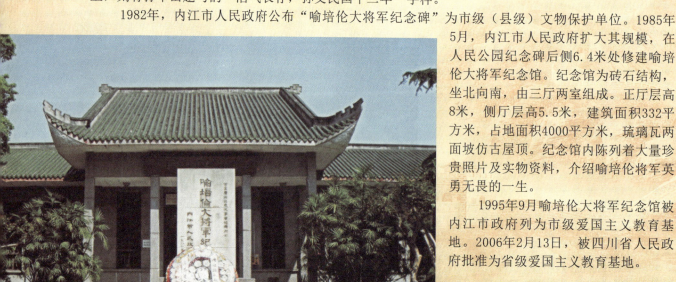

5月，内江市人民政府扩大其规模，在人民公园纪念碑后侧6.4米处修建喻培伦大将军纪念馆。纪念馆为砖石结构，坐北向南，由三厅两室组成。正厅层高8米，侧厅层高5.5米，建筑面积332平方米，占地面积4000平方米，琉璃瓦两面坡仿古屋顶。纪念馆内陈列着大量珍贵照片及实物资料，介绍喻培伦将军英勇无畏的一生。

　　1995年9月喻培伦大将军纪念馆被内江市政府列为市级爱国主义教育基地。2006年2月13日，被四川省人民政府批准为省级爱国主义教育基地。

资川酒精厂

　　资川酒精厂位于资中县银山镇老下街99号。

　　1939年银山糖厂改建为资川酒精厂，由于日本帝国主义的封锁，汽油无法运入我国，酒精便作为交通运输中的替代燃料。资川酒精厂在抗战期间生产了大量的动力酒精，运往前线作为军车和飞机的动力燃料，为抗战的胜利做出了积极的贡献。1949年更名为资中糖厂。1952年经过改造，建成银山糖厂，是中国西南地区最早建成的第一个机械化糖厂。2002年11月根据国家糖业结构调整政策，民营企业家出资收购了银山糖厂，组建成资中县银山鸿展工业有限责任公司。

罗泉抗敌阵亡将士碑

　　罗泉抗敌阵亡将士碑位于资中县罗泉镇上街，城隍庙门口旁。

　　1937年"七七事变"爆发，日本帝国主义发动了全面的侵华战争，激起了中国人民的英勇反抗，罗泉镇人民也积极参与抗日救亡运动。1940年"七七事变"三周年之际，罗泉镇人民政府为纪念在抗战中牺牲的资中籍烈士，特立"抗敌阵亡将士碑"。

　　罗泉抗敌阵亡将士碑碑柱完整，雕刻字体清晰。

内江县民团干部传习所旧址

内江县民团干部传习所旧址位于内江市东兴区白鹤村15组。

1924年冬，中国社会主义青年团（现为中国共产主义青年团）团员黎灌英借担任内江县副团总的合法身份，以讨贼军第一军驻渝办事处处长高一伯和内江县团总傅尧轩的名义，在内江县白鹤场开办了民团干部传习所，为组织革命武装培养骨干。黎灌英任教务长，讲授政治课；谢独开任大队长，讲授军事课。有学员110余人，编为3个分队，9个组。

民团干部传习所因革命空气太浓，为反动势力所不容，只办了三个月便被军阀王赞绪强行解散。传习所学员回到各乡后，大多成为当地革命骨干，为后来中共内江县委领导的东乡农民运动的开展奠定了基础。

马蒲堰农会旧址

马蒲堰农会旧址位于内江市东兴区东兴街道新民村天宫堂。

1927年1月，国民党（左派）内江县第一次代表大会召开，成立了国民党（左派）内江县（临时）党部，国民党（左派）内江县（临时）党部要求在各乡建立农会，发展会员。马蒲堰农会是由县党部负责人黎灌英亲手组织成立的农会组织，农会成立后由黎德昌负责。

石子镇农会旧址

石子镇农会旧址位于内江市东兴区石子镇禹王庙。

1927年1月，国民党（左派）内江县第一次代表大会召开后，国民党（左派）内江县党部要求在各乡建立农会，发展会员。石子镇禹王庙离内江县城有一百多里，石子镇农会是县党部负责人黎灌英亲自组织成立的农会组织，由唐爵廷任负责人。

中共东南区委机关遗址

中共东南区委机关遗址位于东兴区白鹤镇破马村3社蒯家桥。

1928年8月17日，中共内江临时县委根据工作需要，在白鹤场蒯家桥建立了中共东乡区委，洪渊德任书记，曾旭东、唐爵廷、谢骥财任委员，机关设在白鹤场。领导观音、石子、杨家、白鹤4个党支部及高粱、平坦两个党小组。同年12月，县委为加强对农民运动工作的领导，将中共东乡区委改为中共内江东南区委，东南区委机关仍设在白鹤场，代号李洪顺。

江家花园

中共内江县委会议旧址——江家花园位于东兴镇江家街26号。

1928年年底，中共内江县委在东兴镇江家花园召开会议。会议确定了秘密发展农会、打击地方土劣、打入地方民团和联络进步青年等工作。参加会议的有傅宾旸、黎光谦、谢骥财、唐爵廷等10余人。

鹭澜洞

曾莱革命活动遗址——鹭澜洞位于东兴区东桐路圆顶山山角下。

鹭澜洞共有八个山洞，最后一个洞与右洞相通，出路方便。1929年下半年，曾莱任中共内江县委书记时，常带糖果以游玩为名，在此召开党的会议。

2006年3月7日，该遗址被内江市人民政府批准为内江市文物保护单位鹭澜洞崖墓群，并立碑公布。

2007年6月1日，该遗址被四川省人民政府批准为四川省文物保护单位。

杨家乡农协会员军事训练地旧址

杨家乡农协会员军事训练地旧址位于原内江县杨家乡官坟咀，现东兴区永福镇梯子岩村周家大院。

1929年，中共内江县委在东乡开展农民运动。在组织发展农协会员、培养革命骨干的同时，杨家乡党支部书记周执中、委员闵乐山将农会骨干20余人组成农民自卫军，并在东王庙（周家大院）进行军事训练。东南区委委员、东乡农会负责人唐爵廷任军事教练，教学员射击和使用刀矛等武器。

中共内江县委扩大会议旧址

中共内江县委扩大会议旧址位于东兴区石子镇吴王庙小学。

1929年8月，曾莱到内江任县委书记。中共内江县委机关设在梅家山伍家院子。傅宾旸任秘书，委员有洪渊德、曾旭东、谢骥财、廖释惑，联络员刘建纯。下辖中共东南区委和观音、白鹤、杨家、石子4个支部及平坦、高粱、白马、吴家铺4个党小组，共有党员80名。曾莱到内江后，为了把农民运动进一步推向高潮，在石子乡吴王庙召开了中共内江县委扩大会议。决定在发动秋收抗捐抗税斗争中，断绝团阀武装经费，解散其豢养的5个中队兵力，把枪归还农会，由农协会掌握枪支和武力，再转入减租减息斗争。会议决定首先利用团阀内部矛盾，在杨家乡以清算财务收支账为突破口，开展抗缴地亩捐斗争。为了发动群众，曾莱编写了《四季歌》，以此唤醒民众起来斗争。

东乡农民协会活动旧址

东乡农民协会活动旧址位于东兴区杨家乡静居村5社。

中共"八七"会议后，中共内江县委遵照中共四川临时省委的指示，积极开展农民运动，实行土地革命运动。1928年春至1929年年底，中共内江县委为领导农民运动，制订了《农民运动实施计划》，发出了《中国共产党内江县执行委员会为秋收告农民书》，又以内江县农协会筹备处的名义，公开散发了《内江县农协会秋收斗争宣言》。这一时期，中共内江县党组织常活动于地处偏远山区的杨家乡一带。1929年8月，曾莱任内江县委书记，杨家乡农协会组织发展迅猛。中共内江县党组织为了把东乡农运推向高潮，由周执中和闵乐山研究开展抗捐斗争的策略和行动计划。周执中、闵乐山两人以杨家乡静居寺为中心，以正兴寺、仰觉寺等10个地点为农会训练点。由周执中、闵乐山、周振华、王尊安等人分别培训骨干，再由骨干去联系争取其他群众。在不长的时间内，全乡农协会员就发展到七八百人，并成立了两个农民协会分会。此后，曾莱等县委领导到静居寺召集杨家乡党员和农协会骨干开会，具体研究抗捐抗税的斗争方案。中共内江县委在1929年9月发动了声势浩大的东乡农民抗捐斗争。

关帝庙戏楼

东乡农民协会抗亩捐斗争旧址——关帝庙戏楼位于东兴区杨家镇关帝庙。

东兴区杨家镇关帝庙是中共内江县委领导东乡农民进行两次抗捐斗争的地方。在农民协会的强烈要求下，1929年9月27日，杨家乡逢场，县团练局派东区团总陈书元到杨家乡，监督复查财务收支员周俊卿的账目。中共内江县委组织领导杨家、石子、白鹤、观音、平坦、高粱等乡的农会会员3000余人，齐集杨家乡关帝庙坝内，等候查账结果。当查账委员会公布周俊卿侵吞亩捐黄谷1500余石时，周俊卿极力诡辩，双方发生争执，陈书元出面袒护，乡大队长夏庭光提枪恐吓群众。群众愤怒冲上戏楼，因人多，楼台垮塌，周俊卿逃走。县委及时组织农协会员游行示威，高呼口号，到乡团练所要求团总答话。后由乡副团总王奉宜担保再进行清算，斗争取得初步胜利。但事后当局并未兑现承诺。

10月17日，杨家乡逢场，中共内江县委再次组织领导杨家等6个乡的农会会员2000余人，聚集在杨家乡关帝庙，在此公开讲演、散发传单、遍贴标语，并示威游行，向乡团练所提出免收5亩以下地亩捐，发民国21年（1932年）、22年（1933年）粮票，逼迫乡团总刘芳杨答应缓征地亩捐，允诺三场内发粮票。杨家乡农民抗捐斗争震慑了国民党内江县当局，鼓舞了农协会坚持斗争的信心。11月13日，中共内江县委在杨家乡召集乡农协执委、组长联系会议，决定向县知事提出质问。县委书记曾莱起草《杨家乡农协第一次质问书》，重申"免收5亩以下亩捐"的理由，据理驳斥了县知事告示所谓"地亩捐是办团专款，民（国）八（年）以来，无人请免，今杨家乡农协请免5亩以下亩捐，恰合其共产党入党资格……"的歪理。《质问书》提出四条质问，要求短期内答复。不久，县政府当局发现曾莱是中共党组织的领导人，发出通缉，派出军警到杨家乡抓人。曾莱被迫转移，内江县党组织的工作暂由洪渊德负责。

东乡农民抗亩捐斗争暂时停止，但斗争时间长，参加人员多，是内江县农运史上罕见的。它的声势震动了全县乃至全川。

1999年6月22日，杨家乡农民抗亩捐斗争旧址——关帝庙被内江市东兴区人民政府批准为区级文物保护单位。2016年以后，东兴区人民政府开始了对关帝庙的维修复原工作。

中共内江县委扩大会议旧址

中共内江县委扩大会议旧址位于东兴区白鹤乡诸古寺村。

1930年3月，中共内江县委书记高伯礼在白鹤乡诸古寺主持召开中共内江县委扩大会议。参加会议的有县委成员、各乡的党支部书记和各党小组组长，共20余人。会议决定"利用各种手段掌握地方武装，夺取城市"。这次会议后，中共内江县委把工作重点放在华山、杨柳、平坦、观音等地。联络地点设在华山乡肖家冲。会议还研究了掌握武装、进行暴动等问题。会后，书写标语"打土豪，杀劣绅，土地收来大家分"，编印了《新生必读》的小册子，积极宣传党的主张。

白鹤乡诸古寺村四面都是农田，只有一条小路上山，通往诸古寺庙。1992年，诸古寺由村民捐资重修，房屋较新，保存完好。

周执中、周振华故居

周执中、周振华故居位于原内江县杨家乡官坟咀，现东兴区永福镇梯子岩村周家大院。

革命烈士周执中（1902年）、周振华（1914年）出生在杨家乡官坟咀，两人属同胞兄弟。1929年，中共内江县委在东乡开展农民运动，在组织发展农协会员、培养骨干的同时，杨家乡支部书记周执中、委员闵乐山将农会骨干20余人组成农民自卫军，并在东王庙（周家大院）进行军事训练。东南区委委员、东乡农运负责人唐爵廷作军事教练，教学生射击和使用刀矛等武器。

"九一八"事变后，周执中偕弟弟周振华等在上海参加了"上海学生义勇军东北志愿团"。1933年2月，周振华在开鲁前线与日伪军作战中不幸牺牲。

1933年春，周执中参加的在开鲁前线作战的部队被打散后，辗转回到上海，继续参加上海、广东等地的抗日救亡宣传工作。1934年8月26日，因叛徒出卖，周执中等被南京宪兵司令部逮捕。1937年，不幸惨死狱中。

1987年10月28日，周执中被四川省人民政府追认为革命烈士。1989年3月31日，弟弟周振华被民政部追认为革命烈士。

范长江故居

范长江故居位于内江市东兴区田家镇正子村赵家坝。

范长江，1909年10月16日生于四川省内江市东兴区田家镇正子村赵家坝，名睦，号希天。范长江是我国现代新闻史上最杰出的新闻工作者之一。其代表作《中国的西北角》《塞上行》《动荡中的西北大局》等系列通讯作品，曾轰动全国，至今仍为经典之作。

范长江是我国新闻事业的开拓者，他先后担任过《新华日报》（华中版）社社长、中国共产党第一所新闻学校——华中新闻学校校长、中共代表团新闻发言人，中共中央撤出延安转战陕北时任中央纵队第四大队队长。北平解放后创办《人民日报》，组建新华社北平分社，上海解放时任上海军管会文委会副主任兼《解放日报》社社长、总编辑。1950年任中央人民政府新闻署副署长，兼任新华社总编辑、《人民日报》社社长等职务。以范长江名字命名的"范长江新闻奖"是对中国中青年优秀记者的最高荣誉奖励。

为纪念中国新闻事业的奠基人范长江，中共中央办公厅秘书局于2006年8月19日作出了《关于同意修复范长江先生故居的复函》。范长江故居总占地120万平方米，其中包括核心区40000平方米，故居建筑面积1400平方米，水体面积4879平方米。工程本着"修旧如旧"的原则对范长江故居进行修复性建设，并对周边环境进行精心的设计。

范长江故居纪念馆共有16间房屋，展馆前院树立范长江全身石雕像一座。故居纪念馆分设"少年时期""求学之路""西北之行""新型记者""红色报人""在科技界"6个展厅。馆内共收集范长江生前照片220张、实物30件、书信题词32件、各类书籍1850册、书稿200余页等，藏品丰富，生动展示了范长江爱国为民、无私奉献，为中国新闻事业奋斗一生的历史功绩，同时，还收集展出了获得"范长江新闻奖"（长江韬奋奖前身之一）的99位中国新闻工作者的相关作品、照片及个人简介。

2009年10月27日，自范长江故居正式开馆以来，至今共接待国内外参观者近36万余人次。

2010年1月，范长江故居被四川省人民政府批准为"四川省爱国主义教育基地"。2012年11月，被中宣部批准为"全国爱国主义教育示范基地"。

范长江故居隶属东兴区文体局。故居保护级别为市级文物保护单位，作为国家级和省、市级爱国主义教育基地，保存状况好，为新建馆，设施齐全。

2016年范长江故居被评为"4A级景区"。

闵乐山故居

闵乐山故居位于原内江县杨家乡官坟咀，现东兴区永福镇梯子岩村。

闵乐山，1909年出生于内江县杨家乡闵家坝（现东兴区永福镇）。1926年，中共内江县特支在杨家乡一带发展党的组织，1927年春，闵乐山与周执中一起加入中国共产党。

1929年春，中共内江县委为了加强对东乡农民运动的领导，决定将东乡区委改为东南区委，下辖4个党支部，闵乐山任杨家乡支部委员，组织参加了杨家乡农民抗捐斗争。1930年7月，党组织遭到破坏，闵乐山离开内江参加"上海学生义勇军东北志愿团"，奔赴热河、开鲁等地作宣传和战地支前工作。1933年2月，开鲁驻军被日伪军打散。是年5月，闵乐山辗转返回上海继续从事抗日救亡宣传工作。1934年8月26日，因叛徒出卖，闵乐山等人不幸被捕，关押在南京军政部中央军人监狱，1937年惨死狱中。

1987年10月28日，闵乐山被四川省人民政府追认为革命烈士。

课外拓展

1. 查阅"黄花岗七十二烈士"的英勇事迹；
2. 学唱歌曲《不变的信仰》《怀念战友》；
3. 瞻仰一处革命遗址；
4. 给你身边的人讲一位先烈的事迹；
5. 提一提关于内江市革命遗址保护与开发的建议。

第五篇

红色经典

★ 第一节 名言

程功[1]积事[2]，推贤而进达之，不望其报，君得其志。

苟[3]利国家，不求富贵。其举贤援能有如此者！

——《礼记·儒行》

注释

[1] 程功：衡量功绩，计算完成的工作量。

[2] 积事：积累功绩。

[3] 苟：如果、假使。

释读

儒者度量功绩，积累事实，推荐贤能而进达于上，不指望他们的报答，只是为了合乎君主的意愿。只要对国家有利，不求个人富贵。儒者推举和提拔贤能的风格就是这样的。

捐躯赴国难，视死忽如归。

——《白马篇》（魏）曹植

释读

为国捐躯，视死如归，如同落叶归根般自然，如同栖息家乡般安宁。虽死犹荣，虽死无惧。

位卑未敢忘忧国，事定犹须待阖棺。

——《病起书怀》（宋）陆游

释读

爱国是不讲条件的，爱国是从不设限的。国家兴亡，匹夫有责。

中华颂

——张志和

壮哉中华，雄踞东方。五岳峥嵘，柱立禹甸，携群峰耸苍叠翠；四渎浩荡，横贯九州，纳百川东流入海。丽象美景，展画卷层层无尽；沃野桑田，育斯民生生不息。韶山杜鹃，渠江清流，仰胜迹胸怀激荡；楼宇参差，殿阁巍峨，焕人文举世称奇。放眼望，巨坝出高峡，长桥卧清波；旧时穷乡矗广厦，昔日僻壤接康庄。车水马龙，穿梭于神州大地；箭飞船发，遨游乎玉宇苍穹。更有菽禾飘香，花木争艳，山河处处披锦绣；恰值政通人和，笙歌满衢，人民声声唱和谐。

华夏血脉，源远流长。燧人取火，人猿自此揖别；神农播谷，文明于兹肇始。尧立典章，克明俊德；汤武革命，讲信修睦。春秋百家争鸣，战国雄才辈出。自秦一统，以迄后世，人文焕彩，光耀千秋。虽有干戈玉帛、兴衰治乱，终归民族融和、骨肉一家。

人文焕彩，光耀千秋。考学术，则尼父仁义、墨卿兼爱、老庄道德、商君法治，古来圣贤先哲，皆志在天下、心忧黎元。论制度，则禹分九州、周成礼乐，实为理政图治；秦设郡县、唐开科举，旨在四海混一。言军旅，则孙武韬略、张良筹策、韩信将兵、诸葛用智，一皆以攻心为上，所求唯不战而胜。称科技，则四大发明，世界领先。更兼张衡制仪、杜康酿酒、冲之推历、道婆纺纱，以智慧之结晶，惠人间以福祉。谈文艺，则屈子骚、司马史，光照日月；韩柳文、李杜诗，誉满人间；羲之书、摩诘画，名传后世；伯牙琴、公孙舞，有口皆碑。道医术，则黄帝经、扁鹊针、仲景论、时珍药，历代无数名医，洵为治病救人。至若张骞使西域，堪称通交壮举；郑和下西洋，实乃和平使命。

笔墨所列，略举大端，百代风流，何可尽述？

追乎近世，列强入侵。金瓯残缺，大地陆沉。赖无数英烈，抛头颅、洒热血，挽狂澜于既倒，扶大厦之将倾。救亡图存，重整山河。丰功伟业，彪炳千秋。

今日中华，欣逢盛世。改革、开放、创新，致力科学发展；继承、弘扬、借鉴，构建和谐世界。且看我中华儿女，放眼未来，大展宏图，和衷共济，共襄盛举，定实现民族之伟大复兴！

与妻书

——林觉民

意映卿卿如晤：

　　吾今以此书与汝永别矣！吾作此书时，尚为世中一人；汝看此书时，吾已成为阴间一鬼。吾作此书，泪珠和笔墨齐下，不能竟书而欲搁笔。又恐汝不察吾衷，谓吾忍舍汝而死，谓吾不知汝之不欲吾死也，故遂忍悲为汝言之。

　　吾至爱汝！即此爱汝一念，使吾勇于就死也！吾自遇汝以来，常愿天下有情人都成眷属，然遍地腥云，满街狼犬，称心快意，几家能够？司马青衫，吾不能学太上之忘情也。语云，仁者"老吾老以及人之老，幼吾幼以及人之幼"。吾充吾爱汝之心，助天下人爱其所爱，所以敢先汝而死，不顾汝也。汝体吾此心，于悲啼之余，亦以天下人为念，当亦乐牺牲吾身与汝身之福利，为天下人谋永福也。汝其勿悲。

　　汝忆否四五年前某夕，吾尝语曰："与使吾先死也，无宁汝先吾而死。"汝初闻言而怒，后经吾婉解，虽不谓吾言为是，而亦无辞相答。吾之意盖谓以汝之弱，必不能禁失吾之悲，吾先死留苦与汝，吾心不忍，故宁请汝先死，吾担悲也。嗟夫！谁知吾卒先汝而死乎！

　　吾真不能忘汝也！回忆后街之屋，入门穿廊，过前后厅，又三四折有小厅，厅旁一室为吾与汝双栖之所。初婚三四个月，适冬之望日前后，窗外疏梅筛月影，依稀掩映，吾与汝并肩携手，低低切切，何事不语！何情不诉！及今思之，空余泪痕！又回忆六七年前，吾之逃家复归也，汝泣告我："望今后有远行，必以告妾，妾愿随君行。"吾亦既许汝矣。前十余日回家，即欲乘便以此行之事语汝，及与汝相对，又不能启口；且以汝之有身也，更恐不胜悲，故惟日日呼酒买醉。嗟夫！当时余心之悲，盖不能以寸管形容之。

　　吾诚愿与汝相守以死。第以今日事势观之，天灾可以死，盗贼可以死，瓜分之日可以死，奸官污吏虐民可以死，吾辈处今日之中国，国中无地无时不可以死！到那时使吾眼睁睁看汝死，或使汝眼睁睁看我死，吾能之乎！抑汝能之乎！即可不死，而离散不相见，徒使两地眼成穿而骨化石，试问古来几曾见破镜能重圆，则较死为苦也。将奈之何？今日吾与汝幸双健；天下人人不当死而死，与不愿离而离者，不可数计；钟情如我辈者，能忍之乎？此吾所以敢率性就死不顾汝也！吾今死无余憾，国事成不成，自有同志者在。依新已五岁，转眼成人，汝其善抚之，使之肖我。汝腹中之物，吾疑其女也，女必像汝，吾心甚慰；或又是男，则亦教其以父志为志，则我死后，尚有二意洞在也，甚幸甚幸！

　　吾家后日当甚贫，贫无所苦，清静过日而已。

　　吾今与汝无言矣！吾居九泉之下，遥闻汝哭声，当哭相和也。吾平日不信有鬼，今则又望其真有。今人又言心电感应有道，吾亦望其言是实，则吾之死，吾灵尚依依旁汝也，汝不必以无侣悲！

　　吾生平未尝以吾所志语汝，是吾不是处。然语之，又恐汝日日为吾担忧。吾牺牲百死而不辞，而使汝担忧，的的非吾所忍。吾爱汝至，所以为汝谋者惟恐未尽。汝幸而偶我，又何不幸而生今日之中国！吾幸而得汝，又何不幸而生今日之中国，卒不忍独善其身！嗟夫！巾短情长，所未尽者尚有万千，汝可摹拟得之。吾今不能见汝矣！汝不能舍吾，其时时于梦中寻我乎！一恸！

　　辛亥三月念六夜四鼓，意洞手书。

　　家中诸母皆通文，有不解处，望请其指教，当尽吾意为幸。

滨江述怀
赵一曼

誓志为人不为家，
涉江渡海走天涯。
男儿岂是全都好，
女子缘何分外差！
未惜头颅新故国，
甘将热血沃中华。
白山黑水除敌寇，
笑看旌旗红似花。

望春
罗世文

故国山河壮，
群情尽望春；
"英雄"夸统一，
后笑是何人？

十六字令
杨石魂

愁，
惨澹黄花白骨幽。
英雄血，
洒遍黑神州！

苦，
英雄郁郁埋芳土。
狮梦酣，
几时重起舞！

悲，
壮志未酬魂已飞。
铁身手，
空换纪功碑！

壮，
中原烽火烛天汉。
剑光红，
鸡鸣已三唱。

——节选自张琦、张树军：《中华魂——革命先烈诗文集》，浙江人民出版社1997年版

没有共产党就没有新中国

1=A 2/4

曹火星 词曲

```
i  5 | 66 56 | i.i 6i | 2 - | 3  2 | i.3 2i | 6.2 i6 | 5 - |
没 有  共产党就  没有新中 国,      没 有  共产党就  没有新中  国,
```

```
i 6 | i - | 3i 65 | 6 - | 3  i | 6. 5 | 2.i 65 | 6 - | 3  iii |
共产 党   辛劳为民族,   共产 党   一心救中国,   他 指给了
```

```
6 3 | 3556 | 6 - | 3  2ii | 2  5 | 6i  2 | 2. 5 | 33 55 |
人民 解放的道路,   他领导 中国 走向光 明,  他 坚持了 抗战
```

```
66 5 6 | iii | 62 | 76 5 6 | 222 12 | 33 2i | 666 ii | 2i 6i |
八年多,他 改善了 人民生 活,他 建设了敌后 根据地,他 实行了民主 好 处
```

```
5 - | i5 6i | 5. 6 | ii 6i | 2 - | 32 i3 | 2. 3 | 5.5 32 | i - |
多。 没有共产 党 就 没有新中 国,  没有共产 党 就 没有新中 国。
```

注：八年抗战应为十四年抗战。

游击队歌

1=F 4/4

贺绿汀 词曲

```
55 | 11 22 | 3  234 | 31 2176 | 7.6 5 55 | 11 234 | 5  656 |
我们 都是神枪 手,每一颗 子弹消灭一个 敌 人,我们 都是飞行 军,哪怕那
```

```
53 24 | 3  05 | 11 22 | 3  234 | 31 2176 | 7.6 5 55 |
山高水又 深, 在 密密的 树林 里,到处都 安排同志们的宿 营地,在
```

```
111 234 | 5  234 | 311 27 | 1 - | 33 3 | 22 2 | 323 21 | 76 5 |
高高的 山岗 上,有我们 无数的 好兄弟。  没有 吃,没有 穿,自有那敌人 送上 前;
```

```
33 3 | 66 6 | 222 3 #4 | 5  055 | 11 22 | 3  234 |
没有 枪 没有 炮,  敌人给我们 造。 我们 生长在这 里, 每一寸
```

```
31 2176 | 7.6 5 55 | 11 234 | 5  234 | 31 27 | 1  0 |
土地都是我们自 己的无论 谁要抢占 去, 我们就 和他拼到 底。
```

甜城赞歌

1=♭B 2/4
♩=96

艾艳萍 林华 奉光平 词
丁雪 曲

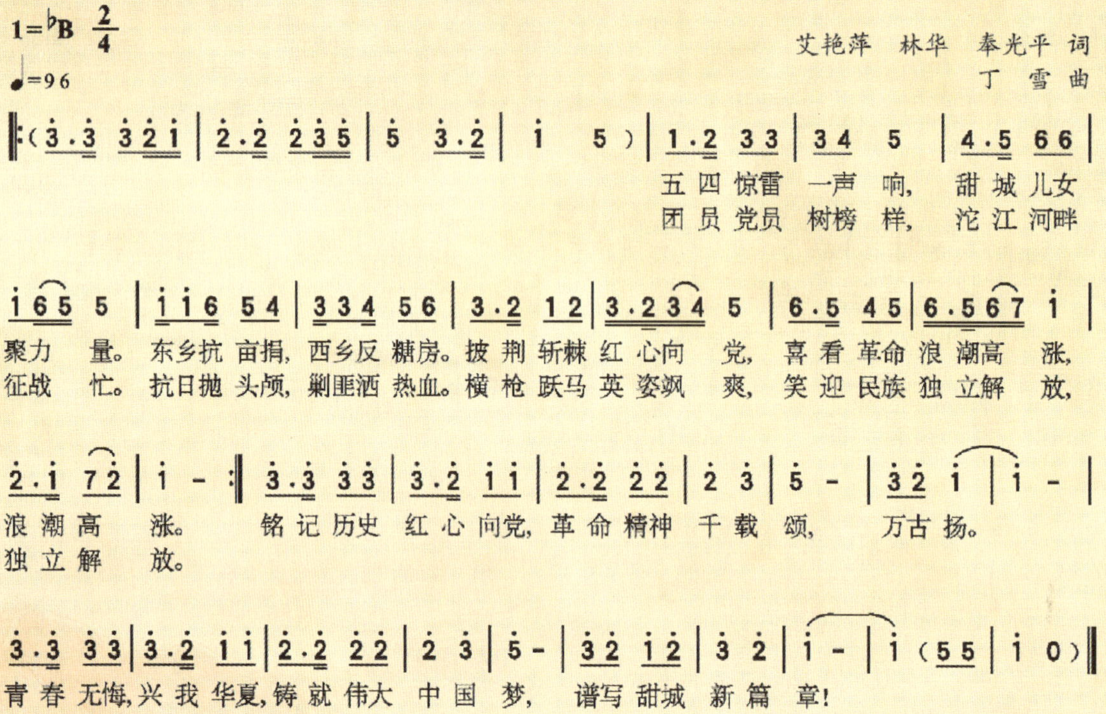

（谱例）

五四惊雷一声响，甜城儿女
团员党员树榜样，沱江河畔

聚力量。东乡抗亩捐，西乡反糖房。披荆斩棘红心向党，喜看革命浪潮高涨，
征战忙。抗日抛头颅，剿匪洒热血。横枪跃马英姿飒爽，笑迎民族独立解放，

浪潮高涨。铭记历史红心向党，革命精神千载颂，万古扬。
独立解放。

青春无悔，兴我华夏，铸就伟大中国梦，谱写甜城新篇章！

"甜城"名字的由来

内江市档案局 杨修武

传说早在唐代，内江就开始用蜂蜜浸渍果品，生产蜜果（即蜜饯的雏形）。后来有了甘蔗的种植和蔗糖的生产，逐渐用蔗糖代替蜂蜜浸渍果晶，制成了色鲜味美的蜜饯。

相传，明末农民军的另一将领张献忠在1644年率军经内江攻下成都后，随即遣快马去邀请李自成，共商灭明大计。李自成应邀风尘仆仆地策马赶赴成都。在酒席上，张献忠叫人端了几碟蜜饯。果然，滴酒不沾的李自成顿时被吸引住了。嗬！那红玛瑙似的樱桃、碧玉簪般的天冬、金灿灿的桔饼、红艳艳的枣粒、洁白晶莹的莲藕、淡绿生凉的伏瓜……，异彩纷呈，诱人垂涎。李自成禁不住用手指头捏起一块，送入口中，顿觉香甜无比、滋润化渣。他接连品尝了几块之后，方才问道："这是何物？"张献忠挤挤眼睛，得意地拈着胡须说："蜜饯也。不过，照当地人的叫法，叫作'甜泡菜'。"李自成又问道："何地所产？""内江！"张献忠起身在李自成肩头上重重拍了一下，接着又故作文诌诌的腔调摇头晃脑地说道："那可是个好地方呀！城里城外，家家渍果脯，户户酿'煮货'（蜜饯的俗称），品茗饮汁，蜜饯佐之，甜风靡盛，童叟景从。"李自成点点头，赞誉道："真甜城也。"由此，内江便获得了"甜城"这一美称。

第六篇

永跟党走

第一节 用行动爱祖国

我们不仅要有一颗爱国心，更要付诸行动，维护祖国的尊严和利益。那么，我们可以通过哪些行动来爱国呢？

维护祖国的尊严

祖国的尊严包括党和政府的尊严，领袖的尊严，民族与人民的尊严，领域、领空、领海的尊严，政策法令的尊严，法律道德的尊严等。每个公民都应有自觉履行维护国家尊严，并与损害国家尊严的言行进行斗争的义务。

祖国的荣辱与人民的荣辱是紧紧连在一起的。没有祖国的尊严，人民就不会得到尊重。人民在国际上获得尊重是祖国有尊严的表现。

捍卫祖国领土完整

《游击队歌》唱道："我们生长在这里，每一寸土地都是我们自己的，无论谁要抢占去，我们就和他拼到底！"

祖国领土完整是保证民族根本利益的前提。只有国家领土主权得到有力维护，人民的利益才有可能得到保障。如果一个国家的领土任人宰割，那么人民的财产、生命以及其他利益将随时受到外国侵略者的破坏。100多年的侵略史早已证明了这一点。

为了捍卫祖国领土完整，100多年来，无数中华儿女抛头颅洒热血，献出了宝贵的生命！

维护民族团结

中华人民共和国成立以来，通过识别和中央政府确认的民族有56个，其中汉族人口数量最多，汉族以外的55个民族相对汉族来说人口较少，习惯上被称为少数民族。

在长期的发展中，各民族之间相互交融，共同发展，共同缔造了中国两千多年的文明。各民族平等、团结和共同繁荣是我国解决民族问题的基本原则，在我国宪法和有关法律中有明确规定。维护民族团结，尊重民族习俗，是我们每一个公民应尽的义务。

保护环境

祖国是我们生存的地方，是我们的家。我们热爱祖国，热爱家，我们要保护我们生存的环境！

在过去的几十年里，由于人们对工业发展所造成的负面影响估计不足，很多地方为了促进经济发展，大量发展工业，结果经济发展了，但环境被破坏了。有的地方垃圾堆积如山，无法处理，臭气熏天；有的地方空气质量变差，PM2.5浓度太大，导致人们患上呼吸道疾病；有的地方水质恶化，无法饮用，需要外调水源；有的地方已经完全不适宜生存，不得不生态移民。

为了保护环境，我们首先应该增强环保意识，学习环保知识，提倡低碳生活。低碳生活，主要从节约水电气、减少使用汽车频率、废物利用等方面着手。保护环境，不仅保护了我们生活的家园，保护了我们可爱的祖国，还保护了人类赖以生存的地球！保护环境，不仅是爱国的表现，还是爱生命、爱人类的表现。让我们一起来保护我们的环境吧！

——节选自林海亮：《中华好少年（7~9年级）》，人民出版社2014年版

课外拓展

小小辩论会

正方：爱国必须干大事

反方：爱国从小事做起

第二节 内江成就

内江是交通运输部规划的国家公路运输主枢纽之一、四川省第二大交通枢纽和西南陆路交通的重要交汇点，是成渝经济区的中心城市，素有"川南咽喉""巴蜀要塞"之称。成渝铁路和成渝高速公路贯境而过，境内现有铁路5条（成渝、内昆、资威、归连、隆泸），在建快速铁路1条（成渝铁路客运专线），过境高速公路5条（成渝、内宜、隆纳、内遂、成自泸赤），在建高速公路3条（内威荣、自隆、内江城市过境高速），周边有3个千吨级货运码头、4个机场，基本形成了南北贯通、东西相连、纵横交错、水陆空立体发展的交通网络。随着成渝铁路客运专线全面贯通，内江将同时融入成渝"半小时经济圈"。

内江自古以来人文荟萃、才俊辈出，涌现了历史上著名的"一师、二相、三状元、四大家"，即一师：孔子之师苌弘；二相：南宋宰相赵雄、明朝礼部尚书兼文渊阁大学士赵贞吉；三状元：唐朝开元年间状元范崇凯、南宋状元赵逵、末代状元骆成骧（清代四川唯一状元）；四大家：国画大师张大千、张善孖，新闻巨子范长江，被孙中山授予"大将军"称号的喻培伦（黄花岗七十二烈士之首）。

内江文化底蕴深厚，有被誉为"立体史书"的隆昌古牌坊群、号称"川中第一禅林"的圣水寺、佛教圣地西林寺、鬼斧神工的重龙山摩崖石刻、号称"巴蜀四大文庙"之首的资中文庙及始建于明代的资中武庙。自然景观方面，有威远穹窿地貌、喀斯特奇观圣灵山溶洞、九曲十八弯的甜城湖、观鸟基地古宇湖等。

内江资源丰富，是国家商品粮生产基地、全省粮食和经济作物的主产区以及水产产业化试点市。塔罗科血橙、冬尖、七星椒、周萝卜、柠檬等17个品种荣获"无公害产品"称号，"资中鲶鱼""永安白乌鱼""隆昌素"兰花获国家地理标志证明商标，资中"塔罗科血橙"通过国家绿色食品认证。能源矿产主要有煤、天然气、油页岩。

我们坚信，在市委市政府的正确领导下，通过甜城儿女的共同努力，内江经济将更加发展，民主机制更加健全，文化更加繁荣，社会更加和谐，生态更加文明，人民生活更加幸福。

附录

国旗

中华人民共和国国旗是五星红旗，为左上角镶有五颗黄色五角星的红色旗帜。旗帜图案中的四颗小五角星环绕在一颗大五角星右侧，呈半环形。红色的旗面象征革命，五颗五角星及其相互联系象征着中国共产党领导下的中国人民大团结。

国徽

包括国旗、天安门、齿轮和麦稻穗。天安门图案象征着民族精神；齿轮、麦稻穗象征工人阶级与农民阶级；国徽中的五星，代表中国共产党领导下的中国人民大团结。

义勇军进行曲

1 = G 2/4

田 汉词
聂 耳曲

进行曲 快速地

(1. 3 5 5 | 6 5 | 3. 1 5 5 5 | 3 1 | 5 5 5 5 5 5 |

1) 0 5 | 1. 1 | 1. 1 5 6 7 | 1 1 | 0 3 1 2 3 |
起 来！ 不 愿 做奴隶的 人 们！ 把我们的

5 5 | 3. 3 1. 3 | 5. 3 2 | 2 - | 6 5 | 2 3 |
血 肉 筑 成我们 新 的长 城！ 中华 民族

5 3 0 5 | 3 2 3 1 | 3 0 | 5. 6 1 1 | 3. 3 5 5 |
到 了 最 危险的时 候， 每 个 人被 迫 着发出

2 2 2 6 | 2. 5 | 1. 1 | 3. 3 | 5 - |
最后的吼 声！ 起 来！ 起 来！ 起 来！

f
1. 3 5 5 | 6 5 | 3. 1 5 5 5 | 3 0 1 0 | 5 1 |
我 们万众 一 心 冒 着敌人的 炮 火 前 进！

3. 1 5 5 5 | 3 0 1 0 | 5 1 | 5 1 | 5 1 | 1 0 |
冒 着敌人的 炮 火 前 进！ 前 进！ 前 进！ 进！

中国共产主义青年团

名称的来历

　　1957年5月,中国新民主主义青年团第三次全国代表大会决定把团的名称改为中国共产主义青年团。大会通过的《关于将中国新民主主义青年团改名为中国共产主义青年团的决议》指出:"由于新民主主义革命在我国绝大部分地区早已完成,社会主义革命也已经取得决定性的胜利,中国新民主主义青年团已经完成自己的历史任务,广大团员正在为把我国建设成为一个伟大的社会主义工业强国而辛勤地劳动着,并且把在将来实现共产主义当作自己崇高的理想。在这种情况下,再把我们团的名称继续叫作中国新民主主义青年团已经不合适了。为了确切地反映我们团所担负的政治任务和广大团员的意志,大会一致通过将中国新民主主义青年团改名为中国共产主义青年团。"中国共产主义青年团简称中国共青团。

中国共青团团徽

中国共青团团旗

团 旗

　　中国共产主义青年团团旗旗面为红色,象征革命胜利;左上角缀黄色五角星,周围环绕黄色圆圈,象征中国青年一代紧密团结在中国共产党周围。团的重要会议以及团日活动可以使用团旗。

后记

享有甜城美誉的内江具有光荣的革命传统，是四川地下党团组织建立较早的地区之一。1923年2月16日，中国社会主义青年团（现中国共产主义青年团）内江地方团组织正式成立。1926年2月，中共内江县特别支部在内江城内成立。到1927年大革命失败前夕，内江党员已发展到24人。第二次国内革命战争时期，党员发展到80余人。自1928年至1931年期间，该县党组织农民自卫队先后发动进行抗捐抗租、武装暴动、拥红运动等革命运动，与"帝、官、封"进行艰苦卓绝的斗争，用血与火、血与泪写下了段段闪闪发光的历史。

爱国，要从了解身边的伟人开始，从热爱家乡、热爱学校、孝敬父母、尊敬师长、团结同学、帮助他人开始。红色文化孕育着我国社会主义核心价值观。传承我国的红色文化就是传承我国的社会主义核心价值观，而社会主义核心价值观的传承要从娃娃抓起。中小学语文教材中有一部分红色文化资源，起到了传承红色文化、传承社会主义核心价值观的作用。内江红色文化资源丰富，可利用这些红色资源培养中小学生的民族精神、红色精神。整理、编写内江红色文化乡土教材很有必要，它是中小学语文教材的有益补充，通过它，可以很好地帮助中小学生树立社会主义核心价值观。

本书凝聚了编委会全体成员的心血。感谢内江市东兴区委、区政府，东兴区教育局和东兴区杨家镇党委、政府的大力支持，感谢内江市党史研究室、内江市档案局、东兴区地方志办、东兴区党史办、东兴区档案局、市中区档案局等单位提供的宝贵历史资料，感谢提供资料和图片的作者和出版社。编写本书旨在提高内江的知名度和关注度，让内江人不忘历史，不畏艰险，以内江发展为己任，好好学习，勤奋工作，谱写甜城发展新篇章！

教材采用的图片和文字来自内江市党史办、内江市党史研究室、内江市档案局、东兴区地方志办、东兴区党史办、东兴区档案局、政协内江市中区委员会和学习委员会、市中区档案局等单位提供的《内江县志》《四川省革命遗址通览》《内江县文史资料》《内江古今名人》《中共内江县地方党史资料汇编1919—1949》《红色东兴》《内江县征粮剿匪资料汇编》《中华好少年》《红色记忆》《文史资料选辑》等书籍和电子资料，部分进行了修改和删减。

由于我们编写水平有限，书中难免有疏漏之处，诚请读者不吝批评指正。

艾艳萍

2016年12月25日